あの文豪の素顔がわかる

文豪図鑑

自由国民社

はじめに

「文豪」とは、ただの小説家とも作家とも違う、優れた文学作品を残した者に与えられる称号のようなものです。

「多くの人に読まれるベストセラーを残した」「文学史に残る内容だった」など、文豪と呼ばれる理由はさまざま。ただ共通していえるのは、いずれの作品も「表現者」として強い欲求に突き動かされ、生みの苦しみと闘いながら創りだしたものであることです。その作品の数々は現代に生きる私たちを惹きつけ、時には強く影響を与えています。

そんな文豪も一人の人間です。われわれと同様に性格があり、趣味嗜好ももちろん持っています。また、文豪には驚くようなエピソードが多々あり、そういった逸話は時に親しみやすさを感じさせます。

本書では文豪たちの作品とともに、そういった彼らの人間らしい側面も掘り下げています。まずは気になった文豪のページを開いてみてください。文豪たちの人となりを知ることで、より深く作品を楽しむことができるはずです。

また、文豪たちのイラストは作風や文豪の生き方をイメージして作画したものです。こちらもあわせて楽しんでいただけますと幸いです。

目次

はじめに 002

明治の文豪

夏目漱石 008
森鷗外 012
島崎藤村 016
国木田独歩 020
尾崎紅葉 024
泉鏡花 028
小泉八雲 032
樋口一葉 036
与謝野晶子 038
明治時代の思潮 040

大正の文豪

芥川龍之介 042
谷崎潤一郎 046
志賀直哉 050
菊池寛 054
川端康成 058
梶井基次郎 062
大正時代の思潮 066

昭和の文豪

太宰治 068
宮沢賢治 072
中島敦 076
夢野久作 080
中原中也 084
江戸川乱歩 088
坂口安吾 092
堀辰雄 096
織田作之助 100
三島由紀夫 104
昭和時代の思潮 108

明治以前の文豪

紫式部 110
紀貫之 112
清少納言 114
鴨長明 116
兼好法師 118
松尾芭蕉 120
井原西鶴 122
上田秋成 124
十返舎一九 126
滝沢馬琴 128
文豪を偲ぶ　文学忌 130

海外の文豪

ドストエフスキー …… 132
トルストイ …… 134
バルザック …… 136
スタンダール …… 138
シェイクスピア …… 140
ディケンズ …… 142
ゲーテ …… 144
ヘルマン・ヘッセ …… 146
フランツ・カフカ …… 148
エドガー・アラン・ポー …… 150
マーク・トウェイン …… 152
F・スコット・フィッツジェラルド …… 154
アーネスト・ヘミングウェイ …… 156
ルーシー・モード・モンゴメリ …… 158

明治の文豪

夏《なつ》目《め》漱《そう》石《せき》

愛され上手な知性派教師

落語マニア

『吾輩は猫である』『坊ちゃん』のべらんめえ調の文体は大好きな落語の影響が大きい。心地よい洒落ッ気は人柄にも表れていた。

無類の甘党

健康を気遣った妻が隠した羊羹のありかを娘に聞いて探し出し、発見した羊羹を娘と分け合い盗み食いするほっこりパパな一面も。

生没年

1867年2月9日～
1916年12月9日

出身地

江戸牛込
（現・東京都新宿区）

関係の深い人

高浜虚子
正岡子規
池田菊苗
芥川龍之介
寺田寅彦

作風

初期は『余裕派』と呼ばれる風刺的な内容が多かったが、大病を患って以降はエゴイズムや心の病みを追求する傾向に。

ぷろふぃーる

本名は夏目金之助。江戸牛込馬場下の名主の5男として誕生した。家は裕福であったが、明治維新の混乱期にあったために没落し里子に出されてしまう。不遇な幼少期を送る一方で幼くして漢文や英語に親しんでおり成績は常に首席で、東京帝国大学英文科を特待生として卒業。その後、愛媛県尋常中学校の教師となり、イギリス留学を経て、日本人初の東京帝国大学英文科講師となる。教職を辞任した後は朝日新聞社に入社。執筆に専念する。処女作は『吾輩は猫である』、代表作は『坊ちゃん』『こころ』など。門下生に芥川龍之介、鈴木三重吉らがいる。

イラスト by. よるかげ

夏目漱石といふ人物

成績はいつでも首席 その『脳』は国宝級

生後間もなく家が没落した影響で、近所の古道具屋に里子に出されたり、父に仕えていた塩原昌之助の養子になったり散々な目にあう漱石。しかし、幼い頃から漢学をたしなむ天才児で小学校から大学まで成績は常にトップ。英語も堪能だったために、33歳の時に文部省の要請でイギリスに留学し英語教育法研究を託されたほど。偉大なる天才の脳は死後に摘出され、今も大事に東大に保管されている。

恋した女性は親友の婚約者…

代表作『こころ』を始め、『それから』『門』など度々、三角関係をテーマに小説を書いている漱石。理由は、公にされていないが漱石自身が経験した悲恋の影響だと噂されている。大学時代、親友の小屋保治と同じ女性、大塚楠緒子に恋したのだが、27歳の時、尼寺で参禅中に2人は婚約。それを知った漱石は逃げるように都会を離れ、松山に赴いたが傷心は癒されず小説の中で幾度も描かれたのだ。

男の友情に涙 親友・正岡子規

英語ペラペラのスーパーエリートなのに、落語の粋な口上も大好き。生涯の友となった正岡子規と仲良くなったきっかけも、共通の趣味である落語だった。失恋と過度のストレスで神経衰弱に陥った時、子規の故郷である松山に身を寄せ英語教師となったほど。そんな折、子規が結核を患ったことを知り、病気がうつる危険も顧みず、自分の住まいに彼を呼び寄せると、2カ月にわたって看病をしていた。

木曜日は未来の文豪が家に集結

文部省も認める天才英語教師でありながらも、ユーモアのセンスもあった漱石の周りには常に彼を慕う教え子の姿があった。そんな漱石は、教職を辞職した後も毎週木曜日には、教え子たちと集う「木曜会」という会合を開いていた。教え子は、芥川龍之介や寺田寅彦など優秀な文学者ばかりだったが、中には熱狂的なファンもいた。小説家の内田百閒は、漱石の鼻毛を大事に持ち帰っていたという。

1867（慶応3）	0歳	江戸の牛込馬場下の名主・夏目小兵衛直克の五男（末っ子）として誕生。
1868（明治1）	1歳	父・直克に仕えていた塩原昌之助の元に養子に出される。
1883（明治16）	16歳	神田駿河台の英学塾成立学舎入学し本格的に英語を学び始める。
1884（明治17）	17歳	大学予備門予科に入学。中川小十郎らと「十人会」を結成する。
1889（明治22）	22歳	同窓生として正岡子規と会う。子規の文集『七草集』に漱石の名で執筆。
1890（明治23）	23歳	帝国大学英文科入学。長兄、次兄と死別し、厭世主義・神経衰弱になる。
1895（明治28）	28歳	愛媛県尋常中学校（松山中学）に赴任。

1896（明治29）	29歳	熊本県第五高等学校に赴任。貴族院初期長官令嬢の中根鏡子と結婚。
1900（明治33）	33歳	文部省より英語教育法研究のためにイギリス留学を命じられる。
1903（明治36）	36歳	帰国し、第一高等学校と東京帝国大学の講師に赴任。
1905（明治38）	38歳	神経衰弱の治療も兼ねて処女作『吾輩は猫である』を発表。
1906（明治39）	39歳	教え子を自宅に呼び会合「木曜会」を始める。『坊ちゃん』『草枕』
1907（明治40）	40歳	教職を辞職し朝日新聞社に入社する。『不美人草』
1916（大正5）	49歳	『明暗』を朝日新聞に連載中、胃潰瘍により死去。

『こころ』

主人公「私」は、若き書生。夏休みに訪れた鎌倉で、不思議な魅力を放つ「先生」と出会ったことで、人が抱えるエゴイズムと対峙することになる。

海水浴場で、謎めいた魅力を放つ先生に心を惹かれた私は、思い切って彼に声をかけ、やがて自宅に遊びに行っていいと言われるまでになる。しかし、1度ならず2度までも不在。不審に思い、先生の奥さんに出先を聞き、その場所に赴くと墓参りを終えたばかりの先生に会うことが叶うのだが、なぜか彼は激しい動揺を見せた。

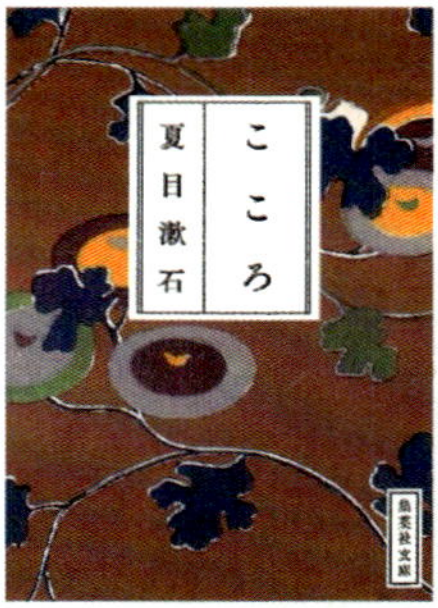
『こころ』集英社刊

その後、交流を深めていくうちに先生の中に心の闇を見いだすものの、父親が病気であると知らされ帰省を余儀なくされ、学生の本分を果たすべく論文に着手するなどして多忙が重なり、なかなか真意を聞きだせない。しかし、ますます先生に離れがたい魅力を覚え、幾度となく訪問を重ねると先生は自虐的な言葉をこぼし始める。

そんな矢先、いよいよ父親が危篤状態となり東京を離れることになった主人公。死の淵に立つ父親をやるせない気持ちで見守る中、突如、先生から長文の手紙が届く。そこに綴られていたのは懺悔ともとれる暗い過去。妻を巡って親友Kを自殺へと追い込んだ身の上を明かした自叙伝だった。最後には自殺する覚悟が綴られており「すでに私はこの世にいないでしょう」と書かれているのを見て「私」は、今際の際にいた父に後ろ髪をひかれつつも、いたたまれずに電車に飛び乗るのであった。

作品のポイント

大正三年、漱石が亡くなる二年前の47歳の時に発表された『こころ』は、反自然主義文学と呼ばれた漱石文学の後期の代表作。親友と愛しい女性との間で揺れ動く三角関係を主軸とした人間のエゴイズムを描いた傑作で、その基盤には漱石自身の苦い失恋話があると言われている。言われているというのは、周囲の者たちは周知していたにも関わらず、漱石自身が決して公表しなかった為である。

また「先生」が自殺するに至った背景として描かれているのが、実際に起こった明治天皇の崩御に伴い殉死した乃木大将であることから、漱石自身の死生観を描いた私小説的な意味合いもくみ取れる。

『吾輩は猫である』

「吾輩は猫である。名前はまだない」の書き出しで有名な漱石の処女作。自分を「吾輩」と言う一匹の黒猫が主人公。黒猫の主人である中学の英語教師・珍《ちん》野苦沙弥《のくしゃみ》と、彼の家に次々とやってくる癖のある隣人たちを、黒猫の視点でコミカルに描いている。「吾輩」は猫でありながら、哲学的な思考を持ち、人間の行動から心理を読み解いたり、ガールフレンドの三毛子が死んだことで女性論を述べたりする繊細な性格。最後は、ビールを飲んで酔っ払い溺死してしまう。

『吾輩は猫である』集英社刊

『それから』

裕福な家の次男として誕生した代助は定職にも就かず、自由気ままに暮らしていた。一方、親友の平岡は生真面目を絵にかいたような銀行員で美千代という妻と結婚。しかし、子供を亡くした後、理不尽な理由で銀行を首になり一気に不幸を背負い込んでしまう。代助はそんな友人夫婦を助けようと尽力するが、やがて美千代を愛してしまったことに気づき略奪愛へと発展していく。己の欲望のままに生きることを望んだ代助だったが、家族に絶縁され――。松田優作主演で映画化もされた話題作。

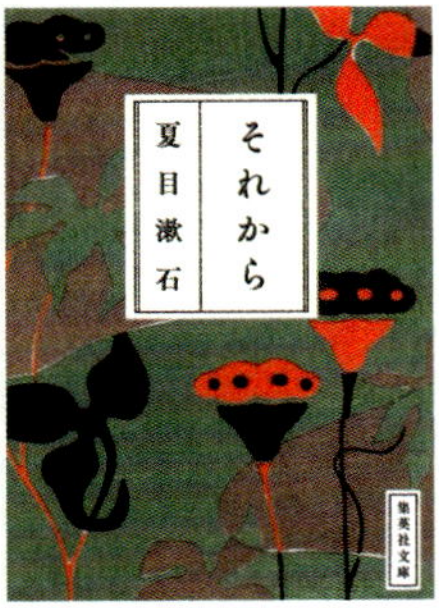

『それから』集英社刊

文豪の名言・名文

恋は宇宙的な活力である。

『吾輩は猫である』より

『吾輩は猫である』の中の言葉。小説の中には、ロマンチックな恋の描写も多いが、本人は超奥手。妻との結婚も「写真を見て決めた」などテレ隠しをしていた。

あるほどの菊投げ入れよ棺の中

夏目漱石の言葉より

漱石と三角関係にあったと推測されている、親友・小屋保治の妻、大塚楠緒子の葬儀の際に漱石が送った弔文である。美しいまま終わらせた悲恋を想わせる名文。

悪人は世の中にあるはずがありませんよ。平生はみんな善人なんです。少なくともみんな普通の人間なんです。それがいざという間際に、急に悪人に変わるんだから恐ろしいのです。

『こころ』より

『こころ』の中で「先生」が主人公に説いた一節。物語のような型にはまった悪人などいない。普通の人が豹変するから怖いと諭した、漱石の鋭い人間観察能力を窺える一文。

森《もり》鷗《おう》外《がい》

悲恋に舞う高潔の天才

『美』こそ全て

美しきドイツ人女性・エリーゼと熱烈な恋に落ちた鷗外は生粋の面食い。地味な1人目の妻は1年で離婚、2人目の妻はツンデレ美女。

ローマ神級の頭

神童と呼ばれた明晰な頭脳もさることながら驚くべきは頭のサイズ。娘の茉莉が、ジュピタアの石膏像くらい大きいと書き残している。

生没年

1862年2月17日～
1922年7月9日

出身地

石見国津和野
（現・島根県津和野町）

関係の深い人

西周
賀古鶴所
山縣有朋
坪内逍遥

作風

ロマン主義、高踏派。西洋文化に影響を受けた恋愛賛美がテーマ。後期は一転して歴史モノに傾倒。

ぷろふぃーる

島根県津和野町で、津和野藩の専属医師を代々務める森家の嫡男として誕生。本名は、森林太郎。幼少から論語を学び、オランダ語、ドイツ語を習得。12歳にして第一大学区医学校（現・東京大学医学部）予科に合格し、神童と崇められた。文豪として有名だが、同時に翻訳家、評論家、軍医、官僚という輝かしい肩書も持っている。22歳の時にドイツ留学を命じられ衛生学を学ぶ傍らで、美しきドイツ人舞姫のエリーゼと恋に落ち熱烈なロマンスを繰り広げる。著書はエリーゼをモデルにした『舞姫』をはじめ、『ヰタ・セクスアリス』『高瀬舟』など多数。

イラスト by. 汐街コナ

森鴎外といふ人物

その頭脳は規格外 12歳で東大合格

9歳の時に、すでに15歳と同等の頭脳を持っていた桁外れの天才児・鴎外少年は、12歳で第一大学区医学校（現・東京大学医学部）予科に合格する。本来は、14歳にならなければ受験資格はないのだが、当時は戸籍管理が甘かったために、2歳年齢をごまかして、勝手に飛び級してしまったのである。ところが、幼いルックスはごまかせなかったようで、同級生たちからは「チビ」と呼ばれていた。

恋人エリーゼと決意の決別

陸軍軍医としてドイツに留学し、衛生管理学を学んでいた22歳の鴎外。昼は研究、夜は舞踏会という多忙な彼を支えていたのが、恋人であるエリーゼだった。エリーゼは、帰国した鴎外を追い来日したが、当時の陸軍では国際結婚は許されず、息子の将来を案じてやつれ果てた母・峰子の願いを聞きいれた鴎外は彼女と決別。しかし想いは断ち切れずに死の間際にようやく彼女の手紙を妻に焼かせた。

子供たちの名前はアンヌにルイ!?

産まれは知識層の家系。幼い頃から高い教養を身に付け、ドイツ語などを学んだことで西洋文化の影響も大きく受けた結果、気品に溢れた王子様系男子へと成長を遂げた鴎外青年。二度の結婚で三男二女の父親となったが、子供たちにつけた名前は於菟(オト)、茉莉(マリ)、杏奴(アンヌ)、不律(フリツ)、類(ルイ)。明治時代にも関わらず子供たちに「パパ」と呼ばせるほどの西洋マニアだった。

明治時代の文壇に論争を巻き起こす

軍医として多忙を極める鴎外だったが、優れた語学力を生かし、『ファウスト』などの外国文学の翻訳を手掛け、また日本初の評論誌「しがらみ草紙」を創刊。文学界にも多大な影響を与えた。そんな中、民友社社長の徳富蘇峰の依頼を受け「国民之友」に発表した小説が『舞姫』。反響は大きく、文芸評論家・石橋忍月が主人公を批判したことで、日本初の近代文学論争「舞姫論争」を巻き起こした。

1862（文久2）	0歳	石見国鹿足郡津和野町の津和野藩の典医・森家の長男として誕生。
1872（明治5）	10歳	父と共に上京。ドイツ語を学ぶために私塾の進文学舎に入る。
1873（明治6）	12歳	実年齢を2歳上に偽り、第一大学区医学校予科に最年少で入学。
1881（明治14）	19歳	東京大学医学部卒業。陸軍軍医副となり、東京陸軍病院に勤務する。
1884（明治17）	22歳	ドイツ留学。軍医本部付となり、ドイツ帝国陸軍の衛生制度を研究。
1888（明治21）	26歳	帰国。陸軍軍医学舎教官に任命。
1889（明治22）	27歳	赤松登志子と結婚。『於母影』「しがらみ草紙」を創刊。

1890（明治23）	28歳	陸軍軍医学校の教官に着任。『舞姫』『うたかたの記』
1893（明治26）	31歳	陸軍軍医学校の校長になる。
1902（明治35）	40歳	大審院（最高裁判所）判事の娘・荒木志げと再婚する。
1907（明治40）	45歳	陸軍軍医総監に就任。歌会『観潮楼歌会』を始める。
1909（明治42）	47歳	『半日』『ヰタ・セクスアリス』
1915（大正4）	53歳	『山椒大夫』『最後の一句』
1922（大正11）	60歳	友人の賀古鶴所に遺言の代筆を依頼。肺結核・萎縮腎により死去。

『舞姫』

時代は19世紀末。ドイツ帝国に留学し、ベルリンで医学を学んでいた官吏・太田豊太郎が、帰国の船の中で、ドイツ人女性エリスとの恋愛を赤裸々に綴った回顧録。

生真面目ゆえ華やかな遊びを嫌い、同郷人からも孤立していた豊太郎が、美少女エリスと出会ったのは教会の前だった。父親が亡くなったのに貧乏で葬式もできないと泣いていた彼女の相談に乗り、彼が時計を売って葬儀代を工面。それがきっかけで恋は始まった。エリスは、ヰクトリア座の踊子として活躍し、貧しい家計を助ける薄幸の舞姫。美しくけなげな彼女に豊太郎はすっかり心奪われていくのだが、そんな彼の様子を見た同僚が「芝居小屋の娘にうつつを抜かしている」と長官に報告し、免職されてしまう。しかし、親友の相沢謙吉のお陰で新聞社の通信員の職を得、彼女と彼女の母と貧しいながらも楽しい生活を送ることが許され安堵する。そんな矢先、エリスが我が子を身ごもったことも発覚した。

しかし、その幸せもつかの間。今度はその相沢に「君ほどの才能のある男が情に流されてはいけない」と叱咤され、大臣の信頼を得る機会を与えられた彼は、遂に日本に帰国することを決意。それを知ったエリスは発狂してしまい、ドイツに置いていくことに―。帰路の途、失意の豊太郎は、眩い日々を振り返り、親友に感謝しつつも「一点の彼を憎む心、今日までも残れりけり」と回顧するのだった。

『阿部一族・舞姫』新潮文庫刊

作品のポイント

まぎれもなく、鷗外とエリーゼの悲恋を元に描かれた物語である。豊太郎と鷗外の境遇には類似点が多く、外国人との恋に悩む主人公が発する切ないモノローグは、鷗外自身の苦悶ともとれる。日本における国際結婚は明治時代から正式に認められるようになってはいたものの、留学生や官庁の間では暗黙の了解として禁止されており、森家の嫡男としての責任を負っていた鷗外にとっては言語道断。エリーゼとの結婚は許されない選択であった。そんな切ない実体験を元に描かれているからこそ、125年以上が経過した今も、芳醇な浪漫の香りは損なわれることなく人々の胸を焦がしていくのである。

明治らしい青春小説

読んでおきたい作品

『雁』

大学生の「僕」が、同じ下宿に住む美男子の医学生・岡田と、貧しい飴屋の娘・お玉との皮肉な運命のすれ違いを、感傷的な視点で語った物語。お玉は貧しい飴屋の父を助けるため、高利貸しの末造の愛人となったが、岡田に恋心を抱き、末造が不在のある晩、彼を招き入れようと計画する。一方、何も知らない岡田は、戯れに投げた石で雁を殺め、食べる算段で夢中になっている。そしてふいに留学をするので日本を離れると打ち明ける。運悪く死んだ雁とお玉の境遇を重ねた「僕」はやるせない気持ちを募らせる。

『雁』新潮文庫刊

『山椒大夫』

古典芸能の演目「さんせう太夫」を元に、鴎外が小説として書きおこした鴎外後期の作品。

舞台は平安時代末期。幼い姉弟の安寿と厨子王は、筑紫国へ左遷された陸奥国判官の父・平正氏に会いに行く道中、人買いに騙され母親と引き離されてしまう。丹後国の領主・山椒大夫の奴隷にされ、辛い日々を送りながらも成長を遂げたある日、姉・安寿の手引きにより厨子王が脱走。丹後の国司となり山椒大夫に奴隷解放を命じる。その後、厨子王は、入水した姉を弔い、佐渡で母親と再会を果たすが、母は盲目になっていた。

『山椒大夫・高瀬舟』新潮文庫刊

文豪の名言・名文

己の感情は己の感情である。己の思想も己の思想である。天下に一人もそれを理解してくれる人がなくたって、己はそれに安んじなければならない。それに安んじて恬然としていなくてはならない。

『余興』より

『余興』の中の一節。人から誤解を受けたとしても、自分のプライドのまま、恥じることなく平然としていなくてはならないという自省の言葉。

私は成功した人がえらいとは思わない。成功せんで隠れている人にもえらい人があると思います。

『混沌』より

『混沌』という演説の一節。同文の中で、てきぱきした物のわかるらしい人より椋鳥のようにぼんやりした人の方が成功するとも説いている。人間観察の賜物。

日の光を籍りて照る大いなる月たらんよりは、自ら放つ小さき燈火たれ

『知恵袋』より

ドイツの著作家クニッゲの「交際法」を、鴎外が翻訳した箴言集『知恵袋』の一節。美を追求していた鴎外が、人として美しく生きるさまを華麗に説いている。

島《しま》崎《ざき》藤《とう》村《そん》

禁断の花を愛する詩人

パリに逃亡

姪を妊娠させたことに悩みフランスまで逃げた挙句、パリで新しい恋に花咲かせていた。彼の人生、恋抜きには語れない！

実はキリシタン

国学者の父に反抗し、ミッション系スクールに進学し洗礼を受けた。しかし、許されない恋を恥じ、キリストの前からも逃亡！

生没年

1872 年 3 月 25 日～
1943 年 8 月 22 日

出身地

筑摩県第八大区
五小区馬籠村
(現・岐阜県中津川市馬籠)

関係の深い人

北村透谷
星野天知

作風

ロマン主義、自然主義文学。なかでも『破戒』は「自然主義」の先駆的小説として話題になった。

ぷろふぃーる

岐阜県中津川市馬籠の旧家の4男として生まれる。父・正樹は17代当主であり平田派国学者。幼い頃から父親に論語や孝経を教えられ、数々の進学校で学んだ後、明治学院普通部本科に入学。20 歳で、明治女学校高等科の英語教師となるが、教え子に恋心を抱き自責の念を抱え辞職。翌年、北村透谷らの雑誌『文学界』に参加、劇詩や随筆を発表し、26 歳で詩集『若菜集』を執筆。4冊の詩集を発表した後、小説に移行する。35 歳で『破戒』を発表。自然主義作家として注目を浴び、46 歳の時に発表した『新生』で、姪・こま子との禁忌の愛を告白。

イラスト by. トミダトモミ

島崎藤村といふ人物

時代の犠牲になった父が『夜明け前』のモデル

平田派国学者として日本の伝統を理想に掲げていた厳粛な父・正樹。当然、息子・藤村にもその教えを説いていた。しかし、時代は明治維新を迎え、理想は弾圧の対象に変わり、また藤村が意に逆行し、英学校に進学したことなどが原因で精神を病み狂死してしまう。藤村が15歳の時の出来事である。57歳になった藤村は、長編小説『夜明け前』として世に発表し、改めて父の死の意味を問うのだった。

ロマンを覚醒させたのは禁じられた淡い恋

父の死後、17歳で洗礼を受けた藤村。明治学院卒業後に星野天知の紹介で明治女学校の英語教師の職を得るが、教え子・佐藤輔子に恋したことで運命が大きく変わる。当時、教師は聖職者であり教え子に恋愛感情を抱くことはご法度。また、輔子には許嫁もいた。悩んだ藤村は教職もキリスト教も捨て放浪の旅に出る。そして甘く狂おしい想いを詩に綴り、発表したのが詩集『若菜集』である。

姪のこま子との禁忌の愛に溺れていく

35歳で自費出版した『破戒』が、自然主義文学の傑作と称され作家として名をあげた藤村。しかし、出版の出費が原因で極貧生活を強いられ3人の娘と妻が相次いで他界してしまう。この時、人生の頂点からどん底へと堕ちた藤村を救ったのが、姪のこま子だった。禁忌の恋を止められなかった藤村は、こま子を妊娠させてしまうまでに。自責の念からフランスに逃避行し、またもや恋に破れてしまう。

イケナイ恋に惹かれる原因は父!?

あろうことか姪との関係を結んでしまった藤村だったが、その原因は血筋にあったのでは、と藤村自身が語っている。父もまた腹違いの妹と関係を持っていたことを後に知らされたのだ。さらに、その屈辱に耐えられなかった母が不倫に溺れた末に生まれた子供が兄・友弥。この歪んだ家族関係を藤村は『親譲りの憂鬱』と呼び、度々小説のテーマとした。

1872（明治5）	0歳	筑摩県第八大区五小区馬籠村にて誕生。父・正樹は国学者。四男。
1878（明治11）	7歳	神坂村小学校入学。父親から『孝経』や『論語』を学びはじめる。
1881（明治14）	10歳	上京し泰明小学校に転入。長姉の嫁ぎ先の高瀬家に下宿する。
1886（明治19）	15歳	父・正樹が馬籠村の座敷牢内で狂死。父は『夜明け前』主人公のモデル。
1888（明治21）	17歳	キリスト教の洗礼を受ける。
1892（明治25）	21歳	明治女学校高等科英語科教師になる。教え子の佐藤輔子を愛し、辞任。
1893（明治26）	22歳	『文學会』創刊。北村透谷らと共に劇誌や随筆を発表し始める。
1895（明治28）	24歳	女学院に復職するが透谷が自殺し輔子が病死し辞職。後に『春』で書く。
1899（明治32）	28歳	小諸義塾の英語教師として長野県小諸町に赴任。秦冬子と結婚。
1905（明治38）	34歳	上京。『破戒』を自費出版。貧乏の為三人の娘が次々と栄養失調で死去。
1910（明治43）	39歳	『家』連載開始。妻・冬子死去。
1913（大正2）	42歳	姪・こま子と不倫し妊娠させてしまう。清算の為にフランスに渡る。
1929（昭和4）	57歳	『夜明け前』を連載開始。日本ペンクラブ・初代会長に就任。
1943（昭和18）	71歳	「東方の門」連載開始。脳溢血で死去。最後の言葉は「涼しい風だね」。

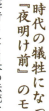

『破戒』

信州にある被差別部落で生まれた瀬川丑松は、父親から「どんな人であっても、絶対に素性を話してはいけない」と戒めを受けて育ち、それを大人になるまでかたくなに守り、信州飯山の小学校の教師となった。

しかし、被差別部落の思想家・猪子蓮太郎の著書『懺悔録』を読み、その毅然とした生き方に感銘を受けたことで、父の戒めが揺らぎはじめる。その矢先、父親が亡くなったという知らせが届き、丑松は汽車に乗って故郷に向かうのだが、なんとそこで偶然にも蓮太郎本人に遭遇。蓮太郎にだけは、自分の身の上を話そうと思うのだが決心がつかないまま離れてしまう。

『破戒』新潮文庫刊

故郷に到着すると、父親の死の原因は気性の荒い牛に襲われて急逝したと知る。そして、死の間際、父は丑松を想い、出生の秘密がバレないように気遣っていたことも知らされる。

数日後、丑松が学校に戻ると、校内に自分が被差別部落出身者だという噂が広がっていた。そこで遂に蓮太郎に打ち明けようとするのだが、蓮太郎と敵対している代議士候補の高柳の説得を受け、またもや告白の機会を失ってしまう。そうこうしているうちに、蓮太郎は暴漢によって殺されてしまう。

ショックを受けた丑松だったが、とうとう父の戒めを破り自分の出生を生徒たちに告白すると、教職を捨て日本を離れる決意をする。そして、子供たちが見送る中、アメリカで活躍する被差別部落出身の金持ちが経営する農場へと向かうのだった。

作品のポイント

それまで詩人として活躍していた藤村が初めて発表した長編小説『破戒』。藤村自身の経験談ではないものの、ありのままの現実を飾ることなく表現したこの作品は、自然主義文学の名作であると絶賛され、夏目漱石からは「明治の小説としては後世に伝ふべき名篇也」という賛辞を受けた。

また、差別問題を扱った小説としても多くの人たちの注目を浴び、発表年に舞台化された上に2度の映画化。テレビドラマとしても放映され、1961年日テレ版には、芥川龍之介の息子・芥川比呂志氏もキャストとして参加している。

罪作りな恋の逃亡者

読んでおきたい作品

『夜明け前』

木曽路馬籠宿の庄屋・青山半蔵は、平田派国学を学び、古き日本の伝統を重んじていた。そこで、山林を昔の人のように誰でも自由に使えれば一般庶民の生活が楽になると考え、森林の使用を制限していた尾張藩を批判。しかし、戸長を解任され、今度は明治天皇に憂国の情を訴えようとして失敗。それに加え時代の変化に対応できず青山家が没落した責任を親類に責められ、酒浸りの生活へと身を堕として精神を病み、狂人として座敷牢の中で絶命していった——。父の正樹をモデルに書いた長編小説。「中央公論」にて連載。

『夜明け前』新潮文庫刊

『家』

木曽にある小泉家と橋本家という2つの旧家が、明治維新に沸く時代の変化を受け止めきれずに没落した様を描いた小説。橋本家の後継者・橋本正太は、家を守ろうと株に手を出し失敗。一方、小泉家の家長、小泉実の弟・小泉三吉は家族関係に悩みつつも作家として大成し一家を支えていく——。

小泉家のモデルは島崎家、橋本家のモデルは姉の嫁ぎ先である高瀬家という実際の旧家。物語の中には『破戒』出版後、貧乏生活に苦しみ栄養失調が原因で亡くなった3人の娘の実話も盛り込まれている。

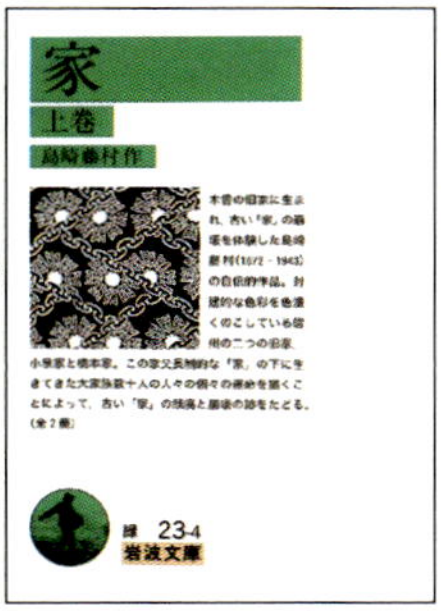

『家』岩波文庫刊

文豪の名言・名文

まだあげ初めし前髪の林檎のもとに見えしとき前にさしたる花櫛の花ある君と思ひけり

『若菜集』より

『若菜集』「初恋」の冒頭。この「君」こそが、藤村が教師時代に恋した女生徒の佐藤輔子。言葉にできない切ない思いを瑞々しく歌った青春のうた。

この世にあるもので、一つとして過ぎ去らないものは無い、せめてその中で、誠を残したい。

『新生』より

『新生』の中の一節。新生は、妻の死後にお手伝いとして家に通っていた兄の娘・島崎こま子との禁断の愛を綴った小説。許されぬ恋に溺れながらも、3人の娘と妻の死を静かに受け止めていく藤村の想いが汲み取れる。

生きたくないと思ったって、生きるだけは生きなけりゃなりません。

『家』より

『家』の中の一節。旧家に縛られ、古いしきたりから逃れようともがきながらも前進する強い生命力に感動を覚える。

自然主義文学の先駆者

国《くに》木《き》田《だ》独《どっ》歩《ぽ》

刃物で求婚

独歩は激しい気性の持ち主だった。晩さん会で信子を見初めると積極的にアプローチ。刃物を突きつけ結婚を迫った。

クリスチャンが悩み！？

21歳で洗礼を受け、日曜日には教会に通う敬虔なクリスチャンであった。しかし、そのことで偏見にあい将来を悩んでいた時期もある。

生没年

1871年8月30日～
1908年6月23日

出身地

千葉県銚子

関係の深い人

田山花袋
有島武郎
徳富蘇峰
尾崎紅葉
幸田露伴

作風

自然主義文学の先駆者。叙情性に富み、登場する人物を生き生きと描く。民衆に寄り添った優しさが感じられる作品も多い。

ぷろふぃーる

本名は幼名・亀吉を改め哲夫。出生は謎に包まれている。16歳で山口より東京専門学校（現・早稲田大学）に入学するために上京。しかし大学で校長へのストライキを起こし退学する。一度、山口に戻るが再び上京し、徳富蘇峰が発行する「国民新聞」の記者となる。そこで、日清戦争従軍記者として「愛弟通信」を執筆し一躍有名になる。新聞記者、編集者、出版経営者などの職に就きつつも仕事の合間を縫って創作活動を行い、処女作『源叔父』、『武蔵野』を発表。自然主義文学の先駆者として高い評価を得る。

イラスト by. 佐々子

国木田独歩といふ人物

大反対を押し切り結婚も 6カ月でスピード離婚

最初の妻である佐々城信子と出会ったのは、従軍記者を労う晩さん会でのこと。生活力のない独歩との結婚に彼女の両親は大反対するが、勘当同然で信子は家を飛び出しついに結婚。しかし、裕福な家庭に育った信子は独歩との貧しい生活に耐えきれず5カ月で失踪。よりを戻そうと説得するも信子の意志は固く、半年で離婚を承諾する。この顛末は有島武郎の『或る女』で小説化されている。

唯一良好だった 弟・収二との関係

37歳という短い人生の中で佐々城信子、榎本治子と二度の結婚。さらに愛人との同居など女性との関係は乱れていた。その中で唯一良好だったのは7歳違いの弟・収二との関係。収二は、独歩が開いた私塾の塾生として学び、独歩が記者として再度上京するときも同行。信子と別れた後も再び共同生活を送る。独歩を一躍有名にした従軍記のタイトルにも「愛弟通信」と弟の文字が記されている。

血の気が盛ん。ストライキで学校を去る

東京専門学校の英語普通科に入学後、学校改革と学長の職務怠慢による排斥運動がおこる。独歩は、学長への不信を募らせストライキを決行したのち退学を決意する。一本気ではあるが血の気の多い性格。幼少のころからもケンカっ早く、爪で相手をひっかくことからつけられたあだ名は「ガリ亀」。生涯こういった気性は変わらず、結婚を迷う信子に刃物を突きつけることもあった。

英語と数学の 先生をするも挫折の日々

新聞記者、編集者、作家として名を馳せた独歩ではあるが、東京専門学校を退学後は、英語や数学の教師をやっていた。しかし、山口の私塾では「ヤソだから西洋の魔法を使うのではないか」との噂が立ち、生徒は集まらず閉鎖。大分の学校に赴任するも敬虔なクリスチャンである独歩を嫌がる生徒を目の当たりにし、将来について悩んだ挙句、教職を辞することになった。

1871（明治4）	0歳	千葉県銚子に生まれる。幼少期の名は亀吉。
1876（明治9）	5歳	裁判所に勤める父の仕事で山口県山口市へ移住。
1885（明治18）	14歳	山口中学に入学。
1887（明治20）	16歳	上京。
1888（明治21）	17歳	東京専門学校（現・早稲田大学）英語普通科へ入学。
1891（明治24）	19歳	学長の排斥運動に参加し退学。山口で私塾「波野（はの）英学塾」を開設。
1893（明治26）	22歳	大分に移り、鶴谷学館の教師となる。
1894（明治27）	23歳	弟・収二と上京。その後『国民新聞』の従軍記者として「愛弟通信」を連載。
1895（明治28）	24歳	最初の妻、佐々城信子と出会い、猛反対にあうも結婚。
1896（明治29）	25歳	信子が失踪の末、半年で離婚。
1897（明治30）	26歳	処女作『源叔父』を文芸誌に発表。
1898（明治31）	27歳	『今の武蔵野』、のちの代表作となる『武蔵野』を発表。榎本治子と再婚。
1901（明治34）	30歳	『牛肉と馬鈴薯』を発表。
1908（明治41）	37歳	結核で茅ヶ崎に入院。死去。

『武蔵野』

武蔵野の四季を綴った九章で構成される。

【第一章】昔の武蔵野がどれだけ残っているのだろう。しかし、自分は今の武蔵野に趣味を感じる。【第二章】秋から春にかけて私は渋谷村に住んでいた。その頃の日記によると、「おりおり時雨しめやかに林を過ぎて落葉の上をわたりゆく音静かなり」「雪しきりに降る。燈をかかげて戸外をうかがう、降雪火影にきらめきて舞う」といった、美しい武蔵野の自然の移りかわりが記録されている。【第三章】武蔵野の美しさは楢にある。冬に落葉し春は滴るばかりの新緑が芽を出す。鳥の声、風の音、しのびやかに通りゆく時雨の音。趣き深いものだ。【第四章】ツルゲーネフがしるしたロシアの野と比べると、武蔵野は林、野、畑が入り組んでいて自然と生活を密接に感じる、特異な趣がある。【第五章】「武蔵野に散歩する人は、道に迷うことを苦にしてはならない。どの路でも足の向くほうへゆけばかならずそこに見るべく、聞くべく、感ずべき獲物がある」。これこそ武蔵野の第一の特色だろう。【第六章】夏に友と小金井の堤を水上のほうへ散策に出かけた。水上を眺めると水道の末は銀粉のように輝き、橋の下では優しい水音が聞こえてくる。【第七章】友から届いた手紙には武蔵野の範囲の中に東京の町外れを加えるべきとあった。【第八章】友の所説に全く同意する。【第九章】このような町外れの光景は、社会の縮図をみるような思いだ。

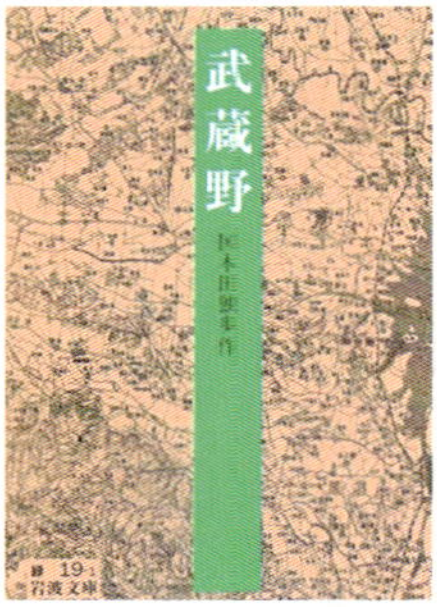

『武蔵野』岩波文庫刊

作品のポイント

明治31年に発表された自然文学の代表作。最初の妻信子と別れて傷心の独歩が、移住先の渋谷村の田園風景に魅せられ、自らの感性を研ぎ澄まして綴った作品。日本の秋の美しさを紅葉ではなく「落葉樹からなる雑木林が素晴らしい」と言い切ったり、自然と生活との共存することの美しさを説いたり、独歩ならではの新しい視点が武蔵野の本来持つ美しさをさらに引き出す。独歩の思いが込められた一句一句はテンポよく、まるで武蔵野の大地を道案内してくれているかのような心地よさを感じることができる。

理想主義者はじゃがいも!

読んでおきたい作品

『牛肉と馬鈴薯』

洋館に集まった6人の男が、理想主義を「馬鈴薯党」、現実主義を「牛肉党」と称し、二派に分かれて議論中、文筆家が訪ねて来てその議論に加わる。どちらを支持するかとの問いに文筆家は、自分には不思議な願いがあるためいずれにもなり切れないと答える。その願いとは、びっくりしたいことだと言う。習慣に支配されて鈍化した感覚から脱皮したい、それが自らの願望だと主張する。最後にはその願いも「単なる道楽」と笑うが、その顔には苦痛の色が浮かんでいた。

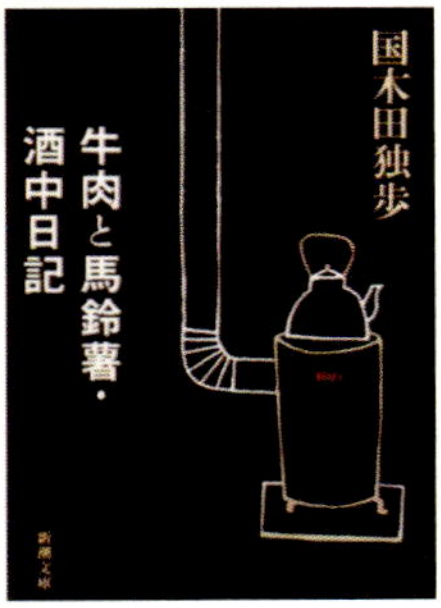

『牛肉と馬鈴薯・酒中日記』新潮文庫刊

『竹の木戸』

物置小屋に貧乏な植木屋夫婦が暮らしている。寒さも厳しくなった冬の昼下がり、その夫婦の隣に住む男が自分の敷地内で植木屋の女房が炭を盗もうとしている所を目撃する。しかし温厚な性格の男は敢えて事を荒立てようとはせず、気付かなかった素振りを見せる。

一方で物置小屋に戻った女房は羞恥と不安に苛まれ、布団にもぐり涙する。「こんな生活は耐えられない」と訴える女房を疎ましく思った亭主は家を出ていく。

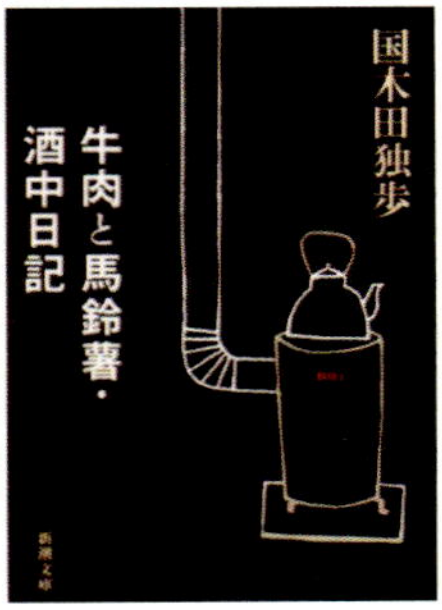

『牛肉と馬鈴薯・酒中日記』新潮文庫刊

文豪の名言・名文

武蔵野に散歩する人は、道に迷うことを苦にしてはならない。どの路でも足の向くほうへゆけばかならずそこに見るべく、聞くべく、感ずべき獲物がある。

『武蔵野』より

武蔵野はどこに行っても価値のあるものに出会える場所。独歩がどれだけ武蔵野の地を愛し、訪れたのかがうかがえる。

忍耐と勤勉と希望と満足とは境遇に勝つものなり。

『欺かざるの記』より

どんなつらいことがあっても、困難に耐え、向上心を持ち、希望と感謝を持って乗り越えるべき。当時の自分の心情と重ね合わせている。

恋は多く人生の苦痛を包むオブラートなり

出典知れず

人によって傷つけられた心は恋によって癒される。信子との別れで心に負った傷を癒すため、女性関係が乱れていった独歩の気持ちが推し量られる。

尾《お》崎《ざき》紅《こう》葉《よう》

明治文学の一時代を築いた

胃病に悩む

晩年は胃のしこりからくる痛みに悩まされる。人気作『金色夜叉』の連載も体調不良で休載。未完のまま。

古い女性観

紅葉が描く封建的女性観には批判の声も。紅葉自身「芸奴は遊び」と割り切り、旧藩のお抱え医の娘と結婚した。

生没年

1868年1月10日～
1903年10月30日

出身地

江戸 芝中門前町
（現・東京都港区浜松町）

関係の深い人

山田美妙
泉鏡花
徳田秋声

作風

前期は西鶴の影響を受けた雅俗折衷文体の小説。後期は言文一致体へと移行し、人物の心情を巧みに描き切る。

ぷろふぃーる

本名は徳太郎。幼いときに母を亡くし、母方の実家で育てられる。少年時から文筆を好み、10代の頃には英語や漢学を学ぶ。15歳で東京大学予備門に入学し、日本最初の文学結社・硯友社を結成し「我楽多文庫」を創刊。その中でも中心的人物となり、泉鏡花といった門下生を多く抱える。帝国大学に進学するが、作家として読売新聞に入社するため退学。新聞社では『多情多恨』『金色夜叉』を連載し人気作家となる。この時代、幸田露伴と並び「紅露時代」を築き近代文学の発展に貢献したものの、胃病を患いわずか35歳で死去。

イラスト by. まつゆき杏

尾崎紅葉といふ人物

「貫一」もびっくりの気の短さ

『金色夜叉』は紅葉の友人がモデル。主人公の貫一と恋仲にあったお宮は、貫一を裏切って御曹司のもとに嫁ぎそれを知った貫一が激怒する。このストーリーはあまりにも有名だが、実際に激昂したのは紅葉だった。肝心の友人はさほど気にも留めていなかったのに、気性の激しい紅葉はその女性を蹴飛ばしてしまう。貫一、お宮で有名な熱海のシーンは、実は紅葉の気の短さが作り出した究極の名シーンなのだ。

茶目っ気あるユーモアでこの世を去る

泉鏡花、徳田秋声と多くの弟子を抱える紅葉は、その性格から弟子への態度も厳しいものでときに叱責することもあった。弟子への小言も多かったが、その一方、気質や独特の言い回しが好まれ多くの弟子に慕われていた。臨終の席では、自分の枕元に集まりむせび泣く弟子たちの顔をみて「どれもこれも、まずい顔だなあ」と言い、この世を去った。

不思議な幸田露伴との因縁

幸田露伴と紅葉の時代を「紅露時代」と呼ぶ。露伴は中学を退学し、北海道で働いた後帰京して文学の道を目指す。一方紅葉は、10代で英語や漢学を学び大学に進学。17歳で文学活動を行う。理想派の幸田露伴に対し写実派の尾崎紅葉。長寿の露伴に対し短命の紅葉。正反対の二人だが、ともに江戸の生まれ、そして同じ第一中学校の同級生なのだ。

泉鏡花と固く結ばれた師弟愛

石川県金沢を出て、憧れの紅葉の家を訪れたのは18歳。鏡花にとって神のような存在だった紅葉にあっさりと入門を許され、玄関番として世話になることに。愚痴にも付き合うほどの強い師弟愛で結ばれていた鏡花であったが、唯一、紅葉の封建的な結婚観だけは受け入れられなかった。紅葉は、鏡花と芸妓との同棲を認めず「師か女かどちらかを選べ」と鏡花に迫る。鏡花はその教えを守り、紅葉の死後ようやく芸妓と一緒になった。

1868（慶応4）	0歳	江戸芝に生まれる。幼名徳太郎。
1872（明治5）	4歳	母と死別。母方の祖父母のもとで育てられる。
1885（明治18）	17歳	山田美妙らと硯友社を結成。
1888（明治21）	20歳	帝国大学に入学。硯友社『我楽多文庫』の販売を開始。
1889（明治22）	21歳	『二人比丘尼色懺悔』を発表。読売新聞に入社。
1890（明治23）	22歳	帝国大学を退学。
1891（明治24）	23歳	樺島喜久と結婚。泉鏡花が門下生に。
1892（明治25）	24歳	『三人妻』を連載。
1895（明治28）	27歳	俳句結社秋声会を創設。
1896（明治29）	28歳	『多情多恨』を連載。
1897（明治30）	29歳	『金色夜叉』の連載で人気を博す。
1901（明治34）	33歳	療養のため修善寺に。
1902（明治35）	34歳	読売新聞社を退社。二六新報に入社。
1903（明治36）	35歳	胃がんのため35歳で死去。

『金色夜叉』

高等中学生である貫一には、お宮という許婚がいた。しかし、自らの容姿にプライドを持ち富や名声に憧れるお宮は、誠実で優秀なだけの貫一に物足りなさを感じはじめる。ついに自分を見初めてくれた富豪の息子との縁談を受け入れてしまう。これに怒った貫一は、熱海で静養中のお宮を訪ねて問い詰めるも、翻意しようとしない頑なな態度に苛立ち、「来年の今月今夜、僕の涙で必ず月は曇らせて見せる」と彼女を蹴り飛ばし失踪してしまう。

失意から捨て鉢となった貫一は復讐のため高利貸しの手代になる。そこで持ち前の有能さを発揮し、頭角を現し始める。ある日、虚しい結婚生活を送っていたお宮は、偶然訪問した先で高利貸しとなった貫一を見つけ、貫一に対する想いに気づかされる。しかし貫一は詫びようとするお宮を全く受けつけない。

途中、美人高利貸しが貫一に独立話を持ち掛けることもあったが、女性を受け入れられない貫一はその申し出を断る。その後、貫一は高利貸しを憎む暴漢におそわれ入院。さらに厄介になっていた高利貸しが、借金漬けになった老婆に自宅を放火され命を落とす。

一方、貫一を忘れられないお宮は、友人に貫一との再会を託す。ついにお宮は貫一と再会を果たし、自分の罪を詫びる。貫一の中で頑なに閉ざしていた気持ちがようやく解けはじめたその頃、自分を責め続けたお宮は自害し死の床にあった。

『金色夜叉』岩波文庫刊

作品のポイント

新聞に5年間連載された紅葉の人気小説。作者死去により未完に終わる。お金と愛情に翻弄されたお宮、富豪の息子、美人高利貸しといった人物が登場。人間が持つ欲望がドロドロと絡み合い、お金に生きるべきか愛に生きるべきか、またはその両者を手に入れるべきかを読者に投げかける。ハイライトはなんといっても熱海の海岸で貫一がお宮を蹴り飛ばす別れの場面。貫一、お宮は架空の人物だが、熱海には「お宮の松」が実在している。言文一致に満足できない紅葉が書き記した雅俗折衷体の美しさにも注目したい。

情に脆いは人間の性

読んでおきたい作品

『多情多恨』

柳之助は、人嫌いで内向的な性格。妻と親友の誠哉、この二人しか心を許せる相手がいない。

ある日その最愛の妻が亡くなり、失意の日々を送っていたが、その状態を見かねた誠哉から一緒に住もうとの誘いを受け、その自宅2階で暮らし始める。偏屈な柳之助は、親友以外にはまったく心を開こうとしないが、しだいに苦手であった誠哉の妻の真心を感じ心の距離を縮めていく。しかし、その妻との関係を疑われてしまい、その家を出ることになる。

『多情多恨』岩波文庫刊

『伽羅枕』

主人公である太夫は、養子先を転々とし12歳で島原に売られる。その後、実父を探しに上京するがすでに亡くなっている父親には会えず、そこで武家に嫁いだ実姉と対面する。自分との境遇の差を目の当たりにし、吉原に行く覚悟を決める。

吉原では反逆者と見なされた人物を長い間匿ったり、暴漢に襲われたり、殺人に巻き込まれたりと彼女を中心に様々な事件が起こる。波乱に満ちた生活を送るが、侠気に溢れ自らの尊厳を大切に貫き通す。

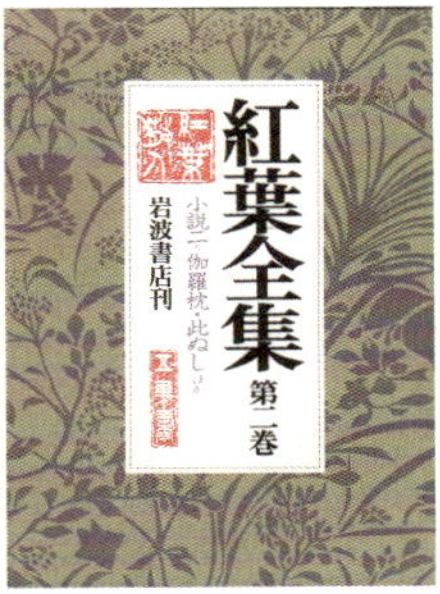

『紅集全集第二巻』岩波書店刊

文豪の名言・名文

人間よりは金のほうがはるかに頼りになりますよ。頼りにならんのは人の心です。

人の心はお金ですぐに変わってしまうので信用できない。お宮に裏切られた貫一が、女性高利貸しに向かって吐いたセリフ。

『金色夜叉』より

天気と疑いばかりは先方からはれるのだ。

疑いは自分で晴らすことはできない。疑われても時間に任せるしか方法はない。どうしようもない人間の悲哀を表した言葉。

『多情多恨』より

死なば秋露のひぬ間ぞおもしろき

胃がんに苦しみ、死を目前にした紅葉の願い。死ぬのならこの秋がいい。秋の露が干からびない前にこの世を去りたい。

辞世の句より

泉《いずみ》鏡《きょう》花《か》

母の面影を追って

極端な潔癖症

病的なまでの潔癖症で、食にもその傾向は及んだ。酒は沸騰した熱燗を好み、刺身や貰いものの菓子にも火を通してから食べた。

うさぎ好き

母から「自分の干支の向かいにいる動物のものを持つといい」と聞かされ、酉の反対にいるうさぎのグッズを多く集めていた。

生没年

1873年11月4日～1939年9月7日

出身地

石川県金沢市下新町

関係の深い人

尾崎紅葉
徳田秋声
谷崎潤一郎
芥川龍之介
中島敦

作風

観念小説である『外科室』で有名になった後は幻想的な作品を多く手がけた。独特のリズムを持つ、流れるような美文も特徴。

ぷろふぃーる

彫金師の父と、能の大鼓師の娘だった母の間に生まれる。幼い頃に母と死別し、幼い二人の妹を他家に養女に出した際に得た喪失感が、多くの作品に登場する幻想的で美しい女性たちを生みだしたともいわれる。尾崎紅葉の『二人比丘尼　色懺悔』を読み小説家を目指すことを決意、1890年に上京し、翌年門下生となる。1895年『外科室』や『夜行巡査』が観念小説（理念や観念の具象化を目的とした小説）として評価され、以降も精力的に執筆。作風は次第に浪漫的、幻想的に変化し、『高野聖』『婦系図』などが代表作となる。

イラスト by. 時々

泉鏡花といふ人物

母と同名の芸者に母の姿を重ねた？

1899年、新年会で訪れた神楽坂の料亭で、鏡花は当時芸者として働いていた「桃太郎」という源氏名の女性と運命的な出会いを果たす。鏡花は彼女の本名が亡き母と同じ「すず」だったこともあって惹かれ、二人は同棲を始めたが、師の紅葉は交際に反対した。しかし紅葉の死後に結婚し、終生仲睦まじく暮らした。『婦系図』に登場するお蔦のモデルはこのすずである。

おばけ好きで怪談会の中心人物だった

大正年間には有名な文人が集まって何度か百物語怪談会が開催された。料亭などで皆が自分の知る怖い話を披露する会で、柳田国男や芥川龍之介が参加したこともあった。ここから作品が生まれることもあり、文人たちにとっては意義のある会だったようだ。自他ともに認める「おばけ好き」だった鏡花は会の中心人物だった。この経験をもとに『浮舟』『露萩』などの作品も執筆した。

舞台化・映画化で大人気となった『婦系図』

1907年に発表した『婦系図』は翌年すぐに舞台化された。以来、現在まで数えきれないほど舞台化・映画化され、鏡花作品でもっとも多く読まれた長編となった。検閲で一部が削られたが、鏡花みずからがその代わりとなる場面の脚本を担当。結果、「湯島の境内」として知られるそのシーンが舞台・婦系図の目玉となり、そこだけ演じられることも増えた。

誰より師を敬愛悪口は絶対許さない

無名時代の自分を書生として養ってくれた紅葉を、鏡花は生涯敬愛し続けた。葬式では門弟を代表して弔辞を読み、没後も家に遺影を飾って毎日拝んだほどだった。同じく紅葉の弟子でありながら創作の方向性の違いのため師から離れていた徳田秋声が、紅葉の死に際して「紅葉はお菓子が好きでたくさん食べたから胃を悪くして死んだ」と言ったときには、火鉢を飛び越えて殴りかかった。

1873（明治6）	0歳	石川県金沢市に泉家の長男として生まれる。本名は鏡太郎。
1882（明治15）	9歳	母・鈴が死没。幼い二人の妹が養女に出される。
1887（明治20）	14歳	北陸英和学校退学。
1889（明治22）	16歳	尾崎紅葉の「二人比丘尼色懺悔」を読み、小説家を目指す。
1890（明治23）	17歳	上京。湯島や本郷の友人の下宿先を転々とする。
1891（明治24）	18歳	尾崎紅葉の玄関番の書生として住み込むことを許される。
1892（明治25）	19歳	「冠弥左衛門」を京都の日出新聞に連載。小説家デビューを果たす。

1894（明治27）	21歳	父・清次が死去。生計の見通しが立たず自殺も考えた。『義血侠血』
1896（明治29）	23歳	居を構え、金沢から祖母と弟を迎える。『照葉狂言』『龍潭譚』
1899（明治32）	26歳	後の妻・すずと出会う。『湯島詣』など芸者が登場する作品に力を発揮。
1900（明治33）	27歳	『高野聖』で鏡花文学の原型を成立させる。
1903（明治36）	30歳	尾崎紅葉死去。『風流線』
1910（明治43）	37歳	麹町に転居。終生の地となる。『歌行燈』
1939（昭和14）	65歳	9月7日、肺腫瘍のため死去。雑司ヶ谷墓地に埋葬された。『縷紅新章』

『高野聖』

飛騨の深い山を越えようとした若い修行僧・宗朝は、蛇に遭遇する、蛭に血を吸われるなどさんざんな目に遭った末、山中で一軒の家を見つける。家には美しい女と、その夫だという白痴の少年が住んでいた。二人を奇妙に感じる宗朝だったが、次の宿まではまだだいぶ距離があると聞き、疲労には勝てず、泊めてもらうことにした。

女は風呂代わりに近くの川に案内しようと言ってくれる。すると馬引きのおやじが現われ、女は彼に少年の世話を頼む。女と宗朝はそのまま川に向かった。

『高野聖』集英社文庫刊

途中の道で蟇蛙が現われ、女の足に絡みつく。女が叱ると、蟇蛙は草むらに消えていった。川に着くと、女はひたと体をくっつけながら、宗朝の体を洗ってくれる。宗朝は花びらに包まれたような心地良さを感じる。気がつくと、女も着物を脱いでいた。宗朝は目を逸らすが、どうしても気になってしまう。そのとき、どこからか大蝙蝠が来て女にまとわりつく。続けて猿も現れ、女に抱きつき、女は先ほどの蟇蛙にしたように獣たちを叱り飛ばした。家に戻るとおやじは宗朝に「もとの体で帰らっしゃったの」と意味のわからないことを言う。おやじはこの家の飼い馬を馬市に出すのだと連れて出ていった。

翌日家を出た宗朝は女を忘れがたく思い引き返そうとしたが、途中で出会ったおやじに、彼女は関係を持った男を獣に変えるのだと教えられる。昨日の動物たちも元は人間だった。宗朝は驚いて山を下りた。

作品のポイント

27歳のときの作品。中国の小説『三娘子』から着想を得、友人の体験談と合わせて創作した。これまで観念小説を認められてきた鏡花だったが、この作品を機に鏡花文学ともいえる浪漫性に満ちた幻想的な方向性に舵を切ることになる。国文学者の吉田精一は、「旅僧ひとりが身を全うしたのは、その愛情の無垢で純一なためであったとすれば、ここに作者のもつ恋愛観が見られる」と評した。美しさ、優しさ、魔性などを混然と孕む、母性に満ちた女性像は、以降の鏡花文学にも受け継がれていくことになる。この根底には幼くして死んだ母の影響があることはいうまでもない。

作品には己の美学が息づく

読んでおきたい作品

『外科室』

外科医の高峰は貴船伯爵夫人の手術をすることになるが、夫人は麻酔を頑なに拒む。心に秘めた秘密をうわごとで口にしてしまうというのが恐ろしいというのだ。高峰が麻酔なしで夫人にメスを入れたとき、夫人は「あなたは私を知りますまい！」とみずから体を切り、死んでしまう。「忘れません」と答えた高峰も同日に自殺する。

じつは二人は9年前に一度だけすれ違い、お互い心を奪われていた。その後一度も会うことなくひそかに思い合っていた二人の究極の純愛を描いた作品。

『外科室・海城発電』岩波文庫刊

『婦系図』

孤児だった早瀬主税はドイツ文学者の酒井俊蔵に拾われ成長する。酒井の娘・妙子を慕っていたものの身を引き、芸者のお蔦と同棲していた主税は、芸者との結婚を反対する酒井にお蔦と別れさせられる。

やがて妙子に結婚の話が持ち上がるが、相手の河野家は結果的に酒井と妙子の名誉を傷つけることになる。主税はその復讐のために河野家に入り込み、みずからがじつは元はスリだったと明かした上で目的を果たす。その後、主税は自ら毒をあおいで自殺する。

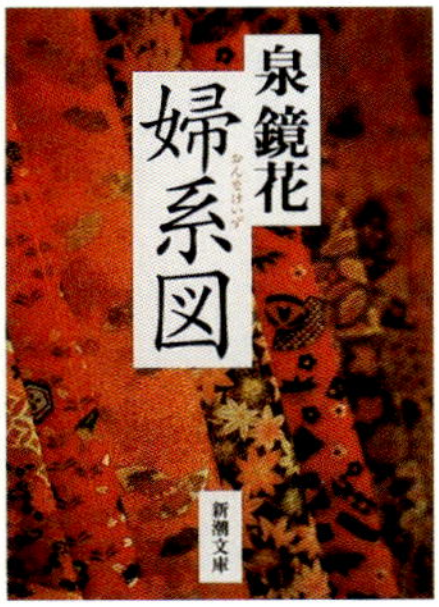

『婦系図』新潮文庫刊

文豪の名言・名文

そのときの二人が状、あたかも二人の身辺には、天なく、地なく、社会なく、全く人なきがごとくなりし。

『外科室』より

みずからの胸をメスで切った貴船夫人に「忘れません」と答えた高峰。うれしげに微笑した貴船夫人はそのままこと切れる。そのときの二人の様子をこう描いた。

お顔が見たい、ただ一目。……千歳百歳にただ一度、たった一度の恋だのに。

『天守物語』より

『天守物語』は鏡花的ロマンチシズムに溢れた戯曲作品。天守閣の最上階に住む妖精夫人である富姫は、そこにやってきた図書之助と恋に落ちる。

切れるの別れるのって、そんな事は芸者のときに云うものよ。私には死ねと云って下さい。蔦には枯れろ、とおっしゃいましな。

『婦系図』より

鏡花が舞台用脚本に書き足した場面に出てくる台詞。主税がお蔦と別れようとしたとき、お蔦が主税に返した言葉だ。名台詞として多くの観客に愛された。

小《こ》泉《いずみ》八《や》雲《くも》

日本をこよなく愛した

左目を失明

16歳のとき、遊んでいる最中に左目を失明。写真では左目が写らないよう右の横顔が多く使われている。

数カ国の言葉を操る

ギリシャで生まれた後、さまざまな国で暮らす。ギリシャ語、英語、フランス語、ラテン語、スペイン語、そして妻との共通語ヘルン語も話す。

生没年

1850年6月27日～
1904年9月26日

出身地

ギリシャ生まれ

関係の深い人

上田敏
厨川白村
土井晩翠
服部一三
田部隆次

作風

探訪記者であったことから観察力・洞察力に優れており、知られざる日本文化の本質に鋭く迫った作品が多い。

ぷろふぃーる

本名、パトリック・ラフカディオ・ハーン。帰化後は小泉八雲。1890年米国の雑誌特派員として来日。日本文化に深く傾倒し、その後島根県の松江中学校の英語教師となる。翌年小泉セツと結婚。1896年に帰化して小泉家を継ぎ、小泉八雲を名乗る。このころ、東京帝国大学で英文学を教えはじめる。その一方で『知られざる日本の面影』『東の国から』『心』など、日本の生活文化を積極的に海外へ紹介する。晩年は自らが古典や民間説話を取材してまとめた短編集『怪談』を米国、イギリスで刊行し高い評価を得る。

イラスト by. 唯奈

小泉八雲といふ人物

ニックネームは ヘルン？の謎

本名はハーンだが、日本ではヘルンさんと呼ばれていた。というのも最初の赴任地の松江で英語教師をする際、知事が契約書にハーンではなくヘルンと表記してしまったからだ。八雲自身はヘルンと呼ばれることを好ましく思っており、定着していった。その後、帰化して名前は小泉八雲に改名されたが、その後もヘルンと親しまれ、夫婦の共通語はヘルン語と呼ばれていた。

家庭の温もりを求め たどり着いた極東の国

アイルランド人の父とギリシャ人の母を持つ八雲は、ギリシャで生まれる。ほどなくアイルランドの大叔母のもとに預けられ、その後両親が離婚。さらに13歳でフランス、イギリス、19歳でアメリカに移住。ずっと家庭の温もりを求め続けていたという。その後、来日してセツと結婚し4人の子宝に恵まれる。41歳になって、極東の地でようやく念願だった家族の温もりを手に入れることになった。

「パパさん」「ママさん」で夫婦円満

「パパさん」「ママさん」。八雲とセツは愛情を込めてお互いをこう呼び合っていた。八雲はギリシャ語、フランス語、英語を話し、セツは日本語とお互い話せる言語は異なっていたが、いつしか二人だけの共通語が生まれ、近所の人から「ヘルンさんの言葉」と親しまれていた。臨終の際も「ママさん、先日の病気また参りました」とセツにヘルン語で優しく問いかけて息を引き取った。

人間嫌いだが よき父親でもあった

好き嫌いがはっきりしていた八雲は、静寂を好み、けたたましいものを嫌った。神経質で猜疑心が強かったため人間も好きではなかった。しかし、家族だけは別。長男一雄は『父「八雲」を憶う』で「子どもたちにとってはあくまでも優しく、時にユーモラスで子どものような心を持つ、愛する父でした」と語る。セツとの夫婦仲もとてもよかったという。

1850（嘉永3）	0歳	ギリシャ生まれ。アイルランド人の父と、ギリシャ人の母を持つ。
1852（嘉永5）	2歳	アイルランドに移住。
1861（文久1）	11歳	フランスの教会学校に入学。
1863（文久3）	13歳	イギリスの全寮制に入学
1866（慶応2）	16歳	学校で遊戯中に左目を失明。父が死去。
1869（明治2）	19歳	アメリカに移住
1875（明治8）	25歳	アリシア・フォリー（マティ）と結婚。異人種間婚姻のため記者を解雇。

1877（明治10）	27歳	マティと離婚。
1890（明治23）	40歳	来日。赴任先の松江で英語教師となる。
1891（明治24）	41歳	小泉セツと結婚。
1894（明治27）	44歳	『知られぬ日本の面影』を出版。
1895（明治28）	45歳	『東の国から』を出版。
1896（明治29）	46歳	日本に帰化し小泉八雲と改名。帝国大学英文学科講師となる。
1904（明治37）	54歳	『怪談』を出版。9月26日心臓発作で死去。

『雪女』

ある冬の日、親方と山に入った樵《きこり》の巳之吉は、猛吹雪で麓に帰れなくなり、近くにあった小屋で一晩過ごすこととなった。その夜、顔に吹きかかる吹雪の気配を感じ、ふと目を覚ました巳之吉が見たものは、親方の体にかぶさる長い髪をした白づくめの女の姿であった。

その女が吹きかけた白い息で親方は凍死。それを見ていた巳之吉に気付き、女は続けて息を吹きかけようとするが、若くてきれいな顔をした彼を見て許してやる気になり、「他言すればその時には命はないと思え」と言い捨て、吹雪の中へと消えて行った。

『怪談』偕成社文庫刊

それから数年して、巳之吉は「お雪」と名乗る、白くてほっそりとした美しい女と出会う。すぐに二人は恋に落ち、やがて一緒に暮らすようになる。そしてその後、10人もの子供を授かることになった。

お雪は、巳之吉にとって全く申し分なく良く出来た妻で、非常に働き者であった。ある夜、針仕事を続けるお雪を見ながら巳之吉は、「ずっとむかし、吹雪の夜にあった出来事だが、お前とよく似た美しい女と出会い、とても恐ろしい経験をした。もしかしてあれは雪女だったのだろうか」と話したところ、お雪はすっと立ち上がり、それが自分であったことを告げ、「あの時、他言すれば殺すと言ったが、可愛い子供たちのことを考えるとそれは出来ない。どうか大切に育てておくれ」と言うや、その体は見る見る溶けて、消えてしまった。

作品のポイント

「雪女」は代表作『怪談』で紹介されている話で、1904年にイギリス、アメリカで出版された。晩年の八雲は、妻のセツや周りの人から地域に古くから語り継がれてきた民話や伝説を取材し、それをわかりやすく構成し直してこのような再話文学という形で紹介。日本に根づく珍しい信仰や霊的な部分を通して日本の本質、日本文化の基層に迫ろうとした。異なる価値観や異文化の声に耳を澄まして聞き入った、優しい八雲の姿も感じ取ることができる。『怪談』には「雪女」のほか「耳なし芳一」「ろくろ首」など17編が収められている。

日本は小さな妖精の国

読んでおきたい作品

『知られざる日本の面影』

各国に移住し続けた後、横浜に降り立ち初めて日本の土を踏む。日本は西欧近代化に向けて変化を遂げている時期だが、まだ「人も物もみな、神秘をたたえた、小さな妖精の国」だった。英語教師として赴任した松江では大橋川沿いに投宿し、古き良き日本の風景を堪能する。また、西洋人として初めて正式昇殿を許された出雲大社の訪問で「いささかも衰えることのない古代信仰の生命の鼓動」に触れる。一見異質にみえるものも深く探れば、豊かな感受性や相手への気遣いといった本質が見えてくる。

『新編 日本の面影』角川ソフィア文庫刊

『心』

地域の人から慕われていた巡査が殺される。その4年後、巡査殺しの犯人は逮捕され、熊本の停車場に護送されることになった。犯人を一目みようと多くの人が集まり、その中には殺された巡査の遺族も。刑事は遺族を呼び寄せ犯人と対面をさせる。殺人犯は地べたにひれ伏してむせぶように懺悔する。その姿に傍らにいた警官も思わず涙する。罪に対する独特とも言える日本人の慈悲に満ちた心情を描く「停車場にて」など、小泉八雲が見た自然の美しさ、日本人の人情の細やかさを描写している。

『心』岩波文庫刊

文豪の名言・名文

日本人の微笑は、念入りに仕上げられ、長年育まれてきた作法なのである。それはまた、沈黙の言語でもある。

『日本人の微笑』より

一見異質に思える悲しいときに見せる日本人の微笑は、他人を心配させないための究極の表情だと説いた。

もしどこか他の国で、私が同じ位の期間、同じ仕事をしたとして、果たしてこのような、常に変わらぬ優しさ、暖かさを経験することができたであろうか。

『さようなら』より

松江から熊本に転勤することになったハーンに多くの人たちが見送りに集まった。そのときの感動、人々の温かい気持ちを表した言葉。

その朝、わたしが最高に嬉しく思った印象は、日本人がわたしを見つめるまなざしが、驚くほどやさしかったことだろう。

『極東初日』より

初めて横浜に船が着いたときの第一印象。温かく迎えてくれた人々に出会い、祖国ギリシャに戻ったような喜びを感じ取っている。

樋《ひ》口《ぐち》一《いち》葉《よう》

24歳で夭逝した薄幸の美人作家

貧乏生活が筆名に

筆名は達磨大師の故事「一枚の葉」から。家計が苦しく、達磨も自分も「おあし（御足／御銭）がない」との洒落だったといわれている。

五千円紙幣の肖像

2004年、五千円紙幣の新デザインに採用。「日本銀行券の肖像」として女性が採用されるのは、樋口一葉が初めてのことである。

生没年

1872年5月2日〜
1896年11月23日

出身地

東京府内幸町
（現・東京都千代田区）

樋口一葉といふ人物

小説家の師である半井桃水に恋心を抱いていたが、ふたりの仲を疑う噂を気にして絶縁。『たけくらべ』をはじめとする彼女の代表作の多くは半井から離れたあとの作品だが、「実らぬ恋」をテーマとした物語が多い。

ぷろふぃーる

本名は樋口奈津（戸籍名は夏子）。1886年、14歳のときに中島歌子の歌塾「萩の舎」に入門し、和歌や古典文学を学ぶ。しかし、兄と父を立て続けに亡くしたことで、樋口家の家計は困窮。そんななか、萩の舎の姉弟子・三宅花圃が『藪の鶯』で稿料を得たのに刺激を受け、小説家を目指すようになった。半井桃水の指導で『闇桜』などを発表するも期待するほどの収入は得られず、半井から離れたあとの『大つごもり』で文学的才能が開花。『たけくらべ』『にごりえ』『十三夜』などの代表作を次々と発表したが、肺結核のため24歳でこの世を去った。

イラスト by. 汐街コナ

少年少女の心理を描いた

読んだ気になる代表作ガイド

『たけくらべ』

吉原の郭で暮らす勝ち気な少女・美登利は、遊女の姉を持ち、いずれは自分も遊女として「客をとる」ことが決まっている身だ。

そんな彼女にも、ひとりの思い人がいた。同じ学校に通う、龍華寺の息子・藤本信如である。運動会で信如が転んだときには美登利が彼にハンカチを差し出し、一方の信如は美登利のために花の枝を折って渡してあげた。お互いを意識する間柄だったが、周囲に冷やかされたことで疎遠になってしまう。

そんな折、夏祭りで表町と横町の少年たちが争いを起こした。当時、街の子どもたちは「表町の正太郎派」と「横町の長吉派」で対立しており、美登利は幼馴染みである正太郎の仲間だった。勝ち気な美登利は長吉に食ってかかるが、これに対して長吉は美登利を罵倒したのちに泥草履を投げつける。そして長吉から放たれた「こちらには龍華寺の藤本（信如）がついているぞ」の言葉に怒り、学校にも通わなくなってしまった。

頭の良い信如は長吉から一目置かれていたが、対立は好まない。先の長吉の挑発も、実は信如の名を借りた嘘である。そうとは知らない美登利は人前で信如の悪口を叩くが、内心では彼を憎からず思う。一方、おとなしい性格の信如も誤解を解くことができず、ふたりの距離はますます広がっていった。

ある雨の日、用事で出掛けた信如は、美登利の家の前で偶然にも下駄の鼻緒が切れてしまった。これに気づいた美登利は鼻緒用の端切れを差し出そうと外に出るが、相手が信如だとわかると身を隠し、信如もまた美登利を無視してしまう。

信如と和解することもないまま、やがて美登利の髪は島田髷へと変わり、着々と遊女になる準備が進んでいた。そんなある朝、美登利の家に水仙の造花が投げ込まれた。不思議と造花に惹かれた美登利は一輪挿しに飾る。送り主は不明だが、その日は信如が僧侶の学校へと旅立った日のことだった。

『にごりえ・たけくらべ』新潮文庫刊

作品の背景

1895年から1896年にかけて「文学界」において断続的に掲載された短編小説。1893年、一葉は長年住み慣れた本郷菊坂町を離れ、遊郭の裏手にある下谷竜泉寺町に転居。ここで荒物・駄菓子などの小売店を経営していたが、結局この商売は失敗に終わってしまう。

しかし、この町での経験は彼女の成長を促し、また人間観察の目を養ったと考えられる。『たけくらべ』の題材となった点において、重要な意味を持っていたと言える。

こんな作品もオススメ

『にごりえ』

銘酒屋「菊の井」の看板娘・お力は、常連客の朝之助に恋心を抱いていた。一方、かつての馴染み客・源七はお力への未練を断ち切れず、家業を疎かにしたために没落して妻子とも別れてしまう。その後、寺の山で源七と密会したお力は、合意か否かは不明の心中死を遂げることとなった。

『十三夜』

高級官僚に嫁いだお関は1子を儲けたものの、実家に逃げ帰ってしまう。親から説得されて夫のもとに戻るが、そのときに乗った人力車の車夫は幼馴染みの録之助だった。かつて、お互いに恋心を抱いていたが、録之助はお関の結婚後、財産を食いつぶし、車夫に成り下がっていた。

与謝野晶子《よさのあきこ》

恋愛を賛美した情熱の歌人

歌人以外でも活躍

女性の経済的自立を唱え、西村伊作に賛同して日本初の男女共学を実現。自ら教鞭を執り、のちに女学部長に就任した。

「晶」の由来

旧姓は鳳（ほう）で、本名は志よう(しょう)。ペンネームである「晶子」の「晶」は、本名の「しょう」にちなまれている。

生没年

1878年12月7日～
1942年5月29日

出身地

境県甲斐町
（現・大阪府堺市）

与謝野晶子といふ人物

不倫の末に略奪婚という恋愛観。また、その恋情を歌集として発表するなど、剛胆な性格の持ち主。また、夫の鉄幹の収入が激減した際には、彼女がひとりで家計を支えた。生涯に残した短歌は5万首にもおよんだ。

ぷろふぃーる

雑誌「文学界」などで文学に触れ、1899年、21歳で『よしあし草』に新体詩などを発表。22歳のときに歌人・与謝野鉄幹と出会い、激しい恋に落ちた末、実家の反対を押し切って上京。その情熱から生まれた歌集『みだれ髪』は、短歌の近代化を大きく進展させた。1904年、山川登美子、増田雅子と共著で『恋衣』を発表。短歌148首と、日露戦争出征中の弟の無事を祈った「君死にたまふことなかれ」など6編を収める。鉄幹が創刊した雑誌「明星」を中心に活躍し、豊富な語彙と比喩を用いて古い封建的道徳を打破。『源氏物語』など古典訳も手掛けた。

イラスト by. まつゆき杏

鉄幹への想いを歌い上げた

読んだ気になる代表作ガイド

『みだれ髪』

くろ髪の千すじの髪のみだれ髪
かつおもひみだれおもひみだるる
(私の千筋もの黒髪は乱れ、私の思いもまた乱れ、すっかり思い乱れている)

やは肌のあつき血汐にふれも見で
さびしからずや道を説く君
(熱く火照った私の肌に触れもせず、世の道理ばかり語って寂しくないのですか?)

人の子の恋をもとむる唇に
毒ある蜜をわれぬらむ願い
(甘い恋を求める子の唇に、毒の密を塗ってやりたい)

『みだれ髪』新潮文庫刊

春みじかし何に不滅の命ぞと
ちからある乳を手にさぐらせぬ
(春は短く命に限りがあるからと、はじける乳房に手を導く)

むねの清水あふれてつひに濁りけり
君の罪の子我も罪の子
(胸に湧く清水のように恋心が溢れ、ついには濁ってしまいました。あなたも私も恋という罪を持つ人間なのですね)

清水へ祇園をよぎる桜月夜
こよひ逢ふ人みなうつくしき
(桜咲く月夜、清水寺に行こうと祇園を通り過ぎる。今夜すれ違う人は、みんななんて美しいのだろう)

罪おほき男こらせと肌きよく
黒髪ながくつくられし我れ
(罪多き男たちをこらしめるため、私は肌も髪も美しくつくられた)

その子二十櫛になるがるる黒髪の
おごりの春のうつくしきかな
(私はいま、むすめ盛りの二十歳だ。櫛けずると流れるように滑らかにすべって行く黒髪は、誇らしいほど青春の美しさに溢れている)

作品の背景

妻帯者である与謝野鉄幹と不倫関係にあった晶子。そんななかで発表した処女歌集『みだれ髪』は、ほとんどが鉄幹に対する強い恋慕を歌っている。

本作は、当時タブーとされていた女性の恋心や官能を、情熱的かつ奔放に歌い上げている。保守層からは非難されたが、評論家・上田敏は「詩壇革新の先駆」と賞賛。一躍注目の浪漫派歌人となり、ほどなくして晶子は、妻と別れた鉄幹と結婚。見事に略奪婚を成就させた。

こんな作品もオススメ

『恋衣』(山川登美子、増田雅子との共著)

金色のちひさき鳥のかたちして
銀杏ちるなり夕日の岡に
(金色の小さい鳥が舞うように、夕日の丘に銀杏の葉が散っていく)

海恋し潮の遠鳴りかぞへては
少女となりし父母の家
(故郷の海が恋しく懐かしい。遠くから聞こえてくる波の音を数えて育った少女の頃や、生家が思い出される)

鎌倉や御仏なれど釈迦牟尼は
美男におはす夏木立かな
(夏の木立に佇む鎌倉の大仏様は、聖なる御仏にかかわらず美男でいらっしゃる)

明治時代の思潮《しちょう》

それまで娯楽や教訓・政治の手段として位置づけられていた文学が、欧米の文化や文学に触れるなかでその意義を見つめ直され、近代文学のあけぼのを迎えるに至った。

【戯作《げさく》文学】

戯作とは江戸から興った読みものの総称をさす。その流れをくみ、世相や風俗を風刺化して描いたもので、明治10年頃まで文学の中心だった。

▼代表的な作品

『西洋道中膝栗毛』仮名垣魯文《かながきろぶん》

【翻訳文学】

西洋化が急がれる時代の中で、西洋事情や風俗・習慣などを広く伝える目的で西洋文学の翻訳が流行した。

▼代表的な作品

『八十日間世界一周』ジュール＝ヴェルヌ

【政治小説】

自由民権論が盛んになった明治時代、作者の主張の他に当時の党派的主張が盛り込まれた。自由民権思想の鼓舞や国家意識の高揚を目指した。

▼代表的な作品

『経国美談』矢野龍渓《やのりゅうけい》

【写実文学】

現実をありのままに写すことを主義とした。文学を教訓や政治などの手段に用いず、写実自体を目的にする。

▼代表的な作品

『小説神髄』坪内逍遥《つぼうちしょうよう》　『浮雲』二葉亭四迷《ふたばていしめい》

【擬古典《ぎこてん》主義】

西洋化が進む中で、明治20年頃、古典文学を見直してその伝統を守ろうという思潮。

▼代表的な作品

『金色夜叉』尾崎紅葉　『夏木立』山田美妙《やまだびみょう》

【理想主義】

当時、尾崎紅葉を中心とした硯友社の写実主義に対し、理想的で壮大な古典的世界を描いた。

▼代表的な作品

『五重塔』幸田露伴　『たけくらべ』樋口一葉

【浪漫《ろうまん》主義】

西欧のロマン主義文学の影響を受けて始まった、個人の感情や個性などを重んじる思潮。自由な個人の精神や近代的な自我の目覚め、人間の理想などを描いた。

▼代表的な作品

『舞姫』森鷗外　『高野聖』泉鏡花　『武蔵野』国木田独歩

【自然主義】

1880年頃から西欧で興った自然主義の影響を受け、人間のあるがままの姿を客観的に描く。写実主義を経て明治40年代には文壇の主流となった。のちに「私小説」へと展開していく。

▼代表的な作品

『破戒』島崎藤村　『蒲団』田山花袋《たやまかたい》

大正の文豪

大正の文豪

芥《あくた》川《がわ》龍《りゅう》之《の》介《すけ》

文学の芸術性を極めた隆鼻の紳士

隠れ家は餓鬼窟

田端にあった実家の2階を「餓鬼窟」と名付け、執筆活動に行き詰まった時にもここにこもって絵を書いて過ごした。まさしく隠れ家！

吾輩も犬である

漱石の門下生としても有名な龍之介。漱石を敬愛するあまり中学時代『吾輩も犬である』というパロディ小説を書いていた。

生没年

1892年3月1日～
1927年7月24日

出身地

東京府東京市京橋区
（現・東京都中央区）

関係の深い人

菊池寛
夏目漱石
内田百閒
小穴隆一

作風

新技巧派、新現実主義。人間のエゴイズムや知識人の苦悩を芸術的センスの高い技巧を凝らした文章で表現。

ぷろふぃーる

東京市京橋区入船町で牛乳摂取販売業耕牧舎の支配人をしていた父・新原敬三の長男として誕生。しかし、母・フクが生後7カ月の時に発狂したため、母の実家である芥川家に引き取られた。小学校に入ると、英語、漢文など高い教養を身につけ、東大在学中の23歳のとき『羅生門』で作家デビュー。菊池寛らと第4次「新思潮」を創刊し創刊号に掲載した『鼻』が夏目漱石に絶賛される。27歳で大阪毎日新聞社社員となり作家活動に専念。古典的題材をメインに『杜子春』など児童向け作品も残した。精神を病み、35歳で睡眠薬を飲み自殺。

イラスト by. 染宮すずめ

芥川龍之介といふ人物

芥川家は先祖代々徳川家に仕える士族

「私の母は狂人だった」と『点鬼簿』で告白している通り、龍之介が生後7カ月の時、母・フクが突然、発狂。その為に母の実家である芥川家に引き取られた。芥川家は代々徳川家に仕えた旧家の士族で、江戸城の茶道を仕切る由緒ある家柄。そのため、江戸の文人的趣味が残っており、茶道、画、俳句、歌舞伎など様々な芸術をたしなんだ。龍之介も幼少から書や観劇を通じて高い教養を身に付けた。

大親友は菊池寛 子供の名付け親にも

府立第三中学校を卒業後、成績優秀者だけが無試験で入れる第一高等学校第一部乙類に推薦入学。その同級生の中に、後の芥川賞の創設者・菊池寛がいた。東京帝国大学に入学すると、第4次「新思潮」を共に創刊し、これが作家デビューのきっかけに。28歳で長男が誕生すると菊池が名付け親となり、この世を去った時は弔辞を述べた。龍之介の人生の節目には必ず菊池の存在があった。

言葉を巧みに操る芸術家肌の鬼才

作品の特徴は、技巧を凝らした表現力と、短い文章の中でテンポよく進行する構成力。その象徴とも言えるのが第4次「新思潮」の創刊号に掲載した短編小説『鼻』だ。その高い才能に、漱石は賞賛の言葉を手紙に綴ったほど。また、龍之介はヨーロッパ文芸の厭世主義、懐疑主義を理想としていたため、生活と芸術は相反するものだと訴え、芸術性をとことん追求。新技巧派の旗手と呼ばれた。

恋心は一途！ 家族の反対を乗り越え結婚

龍之介が初めて妻の文と出会ったのは、16歳の頃。当時、文は7歳。友人の姪として紹介された。龍之介は「文ちゃん」と呼んで可愛がり、高校時代には真剣に結婚を考えるまでに。しかし、厳しい養父から猛反対され、ここで味わった人生の挫折感が人間のエゴイズムとして描かれるようにもなった。しかし、愛を貫き26歳でゴールイン。この思いをラブレターに「小鳥のように嬉しい」と綴った。

1892（明治25）	0歳	東京都京橋区で新原敏三の長男として誕生。芥川家の養子になる。
1910（明治43）	18歳	第一高等学校に入学。菊池寛、久米正雄、山本有三らと出会う。
1913（大正2）	21歳	東京帝国大学英文科入学。
1915（大正4）	23歳	「帝国文学」に『羅生門』を発表。漱石の木曜会に参加。
1916（大正5）	24歳	第4次「新思想」に『鼻』を発表。海軍機関学校にて英語教師となる。
1918（大正7）	26歳	友人の山本喜誉司の姉の娘・塚本文と結婚。『蜘蛛の糸』を発表。
1919（大正8）	27歳	大阪毎日新聞社に入社。創作活動に専念するようになる。

1920（大正9）	28歳	長男・芥川比呂志誕生。
1921（大正10）	29歳	大阪毎日新聞社海外視察員として中国を訪問。紀行文「上海雑記」執筆。
1922（大正11）	30歳	健康状態が悪化し、神経衰弱に陥る。次男・多加志誕生。『藪の中』
1923（大正12）	31歳	「文芸春秋」に『侏儒の言葉』の連載を開始。
1925（大正14）	33歳	三男・也寸志誕生。文化学院文学部講師に就任。
1926（大正15）	34歳	病気治療の為に鵠沼の旅館東屋に滞在。『鵠沼雑記』を発表。
1927（昭和2）	35歳	田端の自宅で睡眠薬による自殺を図り死去。遺稿は『或阿呆の一生』。

『羅生門』

数年の間、地震、火事、飢饉などの天変地異が平安京を襲い、市中には狐狸や盗人が横行していた。ある雨の日、職を失った下人が雨宿りをしに羅生門に行くと、そこには捨てられた死体が転がっているばかりで、死肉をついばみに来るカラスの姿さえ見えなかった。下人はおぞましい光景の中、明日の暮らしをどうにかしようと考えるが、「盗人になるよりほかに仕方がない」と思いながらも、決心がつかないでいた。

夜になり、下人はこのまま羅生門で夜を明かそうと決める。どうせ死体ばかりだとたかをくくって、少しでも寝やすい場所を求めて、梯子を上がっていくと、そこに妖しく揺れる炎を発見する。近づいていくと、みすぼらしい服をまとった、まるで猿のように醜い老婆を発見する。老婆は女の死体から髪の毛を抜いていた。その行為を許すべからざる悪だと感じた下人は老婆をねじ伏せて「何をしていた」と、刀を突きつけた。すると老婆は、両手をわなわな震わせながら「この髪を抜いてな、鬘かずらにしようと思うたのじゃ」と答えた。そして、死体の女が生前していた悪事を訴え「わしのする事も大目に見てくれるであろ」という。餓死しないため、仕方ないのだ、と。

それを聞いた下人は、突如、老婆の襟上をつかみながら、あざけった。では、俺がお前の着物を剥いで盗んでも恨まないだろうと吐き捨て着物を奪うと、足にすがりつく老婆をけり倒して夜の闇に消えていった。

『羅生門・鼻』新潮文庫刊

作品のポイント

23歳の時「帝国文学」誌上で発表した初期の代表作。当時、龍之介は、初恋の相手との結婚を反対されたことで人生の挫折感を味わい、人間のエゴイズムを痛感していたため、その思いを作品の中に込めた。しかし、実体験をそのまま作品にすることを良しとせず、生活と芸術は別物であると考えていたため、なるべく現実とかけ離れ、愉快な作品にしようと試みて執筆に励んだ作品がこの『羅生門』である。短編の中、緻密に構成されたストーリーは、まさに芸術作品と言える。

この話は『今昔物語集』をベースに龍之介独自の解釈を織り交ぜた初期作品の特徴「王朝物」の中の一作である。

人の心理を捉えた作品

読んでおきたい作品

『羅生門・鼻』新潮文庫刊

『鼻』

池の尾の僧・禅智内供《ぜんちないぐ》は、長さ15センチもある妙な鼻を人から笑われていたが、内心は傷つきつつも気にしていないというそぶりを続けていた。ところが、弟子が医者から鼻を短くする方法を聞いてきたことで、鼻を短くすることに成功し安堵する。しかし、今度は短くなった鼻を笑われるようになり、やがて人々に敵意を覚え始める。そんなある晩、鼻がかゆくて眠れない。一夜が明けると、鼻が元通りに。これでもう笑われまいと喜ぶのだった―。24歳の時に書いた代表作。題材は「今昔物語」。

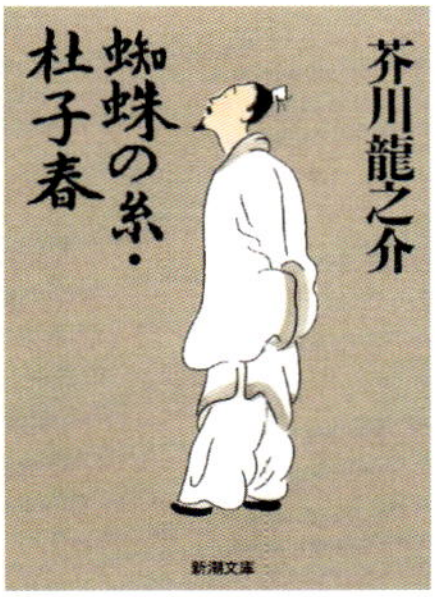

『蜘蛛の糸・杜子春』新潮文庫刊

『蜘蛛の糸』

お釈迦さまがある朝、極楽を散歩中に蓮池から地獄を覗き見ると、もがき苦しむ罪人の中に大悪党のカンダタを見つけた。カンダタは殺人や放火を犯した泥棒だったが、たった一度だけ蜘蛛を助けるという善行をしていた。そこでお釈迦さまは、彼を救い上げようと一本の蜘蛛の糸を彼の前に垂らしてやったのだが、カンダタは自分だけ助かろうとして他の罪人を蹴散らした。その時、糸は切れカンダタは元の地獄へ―。児童向け文芸雑誌「赤い鳥」の創刊号で発表された、龍之介最初の児童向け小説。

文豪の名言・名文

どうせ生きているからには、苦しいのはあたり前だと思え。

『仙人』より

『仙人』の中の一節。若くして人生の挫折感を味わった龍之介の思想の神髄とも言える一言。辛いことを嘆くのではなく、そこから教訓を得て芸術を見出そうとした彼自身のストイックな姿勢がうかがえる名文。

阿呆はいつも彼以外のものを阿呆であると信じている。

『河童』より

『河童』の中の一節。人間社会、特に知識人に対するシニカルな批判を河童からの視点で表現している。そのため、ここで言う「阿呆」とは龍之介の目指した芸術性を理解しない知識人を指していると考えられる。

僕には 文ちゃん自身の口から かざり気のない返事を聞きたいと思ってゐます。繰返して書きますが、理由は一つしかありません。僕は文ちゃんが好きです。それでよければ来て下さい。

芥川龍之介の言葉より

養父に結婚を猛反対されながらも、決してあきらめず文に熱烈なプロポーズを続けた龍之介。少し幼く感じる文体が、まるで彼女に甘えているようにも見えてほほえましい！

谷《たに》崎《ざき》潤《じゅん》一《いち》郎《ろう》

愛にルールは無用！

美脚フェチ

美脚に踏まれたいと綴った作品は多数。取材で妻の条件を問われ「美人でなくとも手足の綺麗であること」と断言！

ひっこしマニア

関東大震災に驚いて京都にひっこして以来、新生活こそ豊かな感性を取り戻す力と称し生涯で40回以上も転居した。

生没年

1886年7月24日～
1965年7月30日

出身地

東京市中央区日本橋
（東京都中央区）

関係の深い人

佐藤春夫
永井荷風
芥川龍之介
菊池寛
川端康成

作風

耽美主義、悪魔主義。マゾヒズム、江戸文明への憧れと近代化への拒絶が官能的に描かれた私小説。

ぷろふぃーる

東京・日本橋で生まれた谷崎潤一郎。家業が傾き進学が困難になると、才能を惜しんだ教師たちの手で救済され、東京帝国大学に入学した。和辻哲郎らと第二次『新思潮』を創刊。永井荷風の評価を受け、文壇から注目を浴びる。作品は、官能美やフェチシズムを追求したことから、悪魔主義とも呼ばれ、私生活でも女性関係は派手。妻・千代と友人・佐藤春夫との間で起きた「細君譲渡事件」を始め、実際の不倫を作品のテーマにした。79歳で病死するが、晩年は右手が麻痺すると口述で執筆を続けるほど、文学に執念を燃やした奇才であった。

イラスト by. トミダトモミ

谷崎潤一郎といふ人物

才能を惜しんだ教師に救われエリートコース

父・谷崎倉五郎は日本点灯会社の経営者であり、生まれた当初は裕福な暮らしをしていた。しかし、坂本尋常小学校4年の頃、突如、家業が傾き進級が危ぶまれてしまう。そんな時、潤一郎を救ったのは教師たち。学年1位の成績で神童と称された才能を惜しみ、住み込みの家庭教師の職を与えた。そのお陰で、第一高等学校を経て東京帝国大学入学というエリートコースを進むことが叶った。

「細君譲渡事件」が社会問題に！

最初の妻・石川千代との結婚前につきあっていたのは彼女の姉。しかし、夫がいたため、彼女の勧めで千代と結婚したのだが、奔放な姉に対し、千代は従順な幼な妻。そこで潤一郎は刺激を求め不倫を繰り返した挙句、妻に同情した親友の佐藤春夫に「それなら君が貰ってくれ」と告げる。佐藤が千代との結婚報告を、潤一郎も連名にして新聞に掲載したため世間では「細君譲渡事件」として大騒ぎに。

魔性の娘・ナオミのモデルは元嫁の妹！

実は石川姉妹に関するエピソードはまだ終わらない。潤一郎の代表作『痴人の愛』に登場する小悪魔美少女のナオミにはモデルがいて、それが千代の妹のせい子。千代との結婚後に養女として迎えたのだが、せい子が美しい女性に成長すると潤一郎のイケナイ欲望が爆発してしまう。ちなみに、せい子は葉山美千子の名前で女優デビュー。潤一郎は結婚を申し込んだが、あっさりフラれてしまう。

『源氏物語』の現代語訳に励む

作品のテーマは愛欲。女性崇拝を根底に、マゾヒズム、エロティシズムに満ち、描かれる物語は三角関係、不倫、禁忌の愛など強烈なものだった。しかし、その一方で潤一郎は古き良き日本文化を愛する芸術的なこだわりも強く、高校時代、洋装の学生服を着用せず袴を履き和服姿を貫いていた。戦時中、『源氏物語』現代語訳の執筆に力を注いでいた際には、部屋の内装を平安朝風に飾っていた。

1886（明治19）	0歳	東京府東京市日本橋にて誕生。裕福な商家の長男として育つ。
1901（明治34）	15歳	府立第一中学校に入学。成績優秀で「神童」と呼ばれる。
1902（明治35）	16歳	家業が傾き進学すら危ぶまれ、住み込みの家庭教師となって学費を稼ぐ。
1908（明治41）	22歳	東京帝国大学に入学。文科大学国文科を専攻。
1910（明治43）	24歳	第2次「新思潮」を創刊。『誕生』『刺青』を発表。学費未納で中退。
1915（大正4）	29歳	石川千代と結婚。『お艶殺し』『法成寺物語』『お才と巳之介』発表。
1920（大正9）	34歳	大正活映株式会社脚本部顧問に就任。『鮫人』『芸術一家言』を発表。

1921（大正10）	35歳	妻千代を佐藤春夫に譲るという「細君譲渡事件」をおこし佐藤と絶交。
1930（昭和5）	44歳	千代と離婚。翌年、古川丁未子と結婚。『吉野葛』『盲目物語』発表。
1935（昭和10）	49歳	丁未子と離婚。森田松子と結婚。『源氏物語』の現代語訳に着手。
1943（昭和18）	57歳	松子夫人とその妹たち四姉妹を題材にした『細雪』発表するが掲載禁止。
1958（昭和33）	72歳	右手が麻痺してしまい口授（口述筆記）による執筆を開始。
1964（昭和39）	78歳	日本人初の全米芸術院・米国文学アカデミー名誉会員に選出される。
1965（昭和40）	79歳	腎不全に心不全を併発して死去。

『痴人の愛』

28歳の電気技師の河合譲治は、真面目なサラリーマンだった。宇都宮の農家の出で、人付き合いが苦手だったため、女性とつきあった経験もなし。貯金もあり、それほど顔が悪いわけでもなかったが、この年まで結婚しなかった理由は、彼には人には言えない夢があったからだった。その夢とは、世間をまだよく知らない娘を引き取って、模範的な妻になるための教育と作法を身につけさせ、お互いに恋愛感情を持つようになったら結婚するというもの。

そんなある日、浅草の雷門近くにあるカフェでナオミという美少女に出会う。彼が事情を打ち明けると彼女はすんなりと承諾。彼女の家族も同意してくれたので大森に洋館を借り同居生活が始まった。寝室も別々にして、計画通りに英語などの勉強をはじめるが、ナオミは一向に上達しない。注意をすればナオミはすねて、それをなだめるためにねだるものを買い与えるという繰り返しで、彼女はすっかり贅沢ばかりするようになる。

そんなある日、ナオミの様子を窺っていると、男とあっているのを見つけてしまう。嫉妬にかられた譲治は彼女を追い出し、その後、ナオミが複数の男たちと関係を持っているという悪い評判を耳にして失望する。しかし、彼女が着替えを取りに戻った時に見た肉体の美しさに魅せられ、遂にその魅力に抗うことができなくなってしまった。譲治はナオミが命令するままに横浜の家を買い、会社も辞め、彼女の肉体の奴隷となっていく。

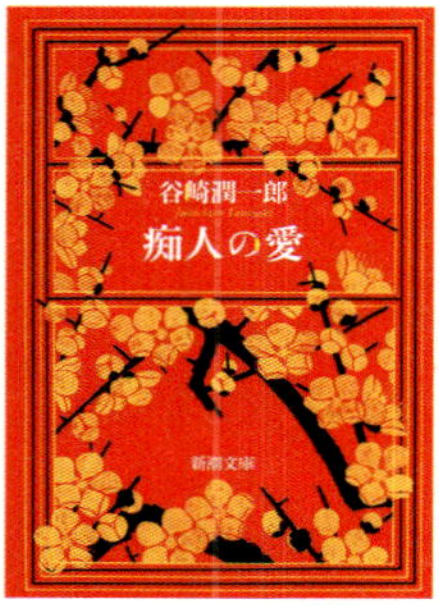

『痴人の愛』新潮文庫刊

作品のポイント

ナオミのモデルは、最初の妻・千代の妹のせい子。潤一郎自身が「私小説」と公言している通り、幼なかった美少女が、みるみるうちに美しく成長していく姿を養父として見守っていた彼自身の想いと、手足がすらりと伸びた彼女の魔性の魅力を鮮烈なまでに綴った。美貌の前では常識も世間体も超越し、妄信的に崇拝するといった内容が物議を呼び「悪魔主義」と呼ばれるようになった。

この物語は何度も映画化されており、美貌を振りかざし己の欲望を謳歌するサディスティックなナオミの姿が衝撃を呼んだ。登場人物のナオミにあやかり「ナオミズム」という流行語を生みだすまでに至った。

女性の美しさを追求した 読んでおきたい作品

『細雪』

第二次世界大戦前、商業の街として栄えた大阪船場が舞台。古くから商家として栄えていた蒔岡家の4人姉妹（鶴子・幸子・雪子・妙子）を巡る恋愛模様が描かれていく。引っ込み思案な三女・雪子の見合い話がなかなかまとまらない様子を主軸に、戦争前阪神間モダニズムで沸いた中流上層階級の生活と、その崩壊する様を描写した。

この作品は昭和18年、軍部から戦時中にふさわしくない内容として掲載を禁止された経緯を持つ。なお、この四姉妹のモデルは3番目の妻・松子とその姉妹。

『細雪』新潮文庫刊

『春琴抄』

大阪道修町の薬種商の娘・春琴は、子供の頃から容姿端麗の才女だったが九歳の時に眼病で失明し三味線の稽古をはじめた。春琴の世話をしていた佐助は次第に彼女に惹かれ、献身的に尽くしていた。ある日、利太郎という放蕩息子が弟子入りしたが、彼の目的は春琴との結婚だと知り、彼女は激怒し怪我を負わせてしまう。すると、その後、春琴は何者かに顔に熱湯をかけられ美貌を失ってしまう。嘆く春琴に対し佐助は「顔を見ません」と目に針を突き刺し失明する——。耽美小説の傑作。

『春琴抄』新潮文庫刊

文豪の名言・名文

恋というのは一つの芝居なんだから、筋を考えなきゃ駄目だよ。

小説を書く際には実生活でも同じように生活していたというのも有名な話。惰性で恋をしていたのでなく、小説を書くように恋愛に芸術性を見出していた潤一郎ならではの言葉。

谷崎潤一郎の言葉より

美は考えるものではない。一見して直に感ずる事の出来る、極めて簡単な手続きのものだ。

『金色の死』の中の一節。フェチシズムの神髄を説いた名文。美に尺度はなく、魂が震えたものこそが美なのである。

『金色の死』より

私にとりましては芸術のためのあなた様ではなく、あなた様のための芸術でございます。

3番目の妻・松子に送った熱烈なラブレターの一文。出会った当初、松子は人妻だったため2人は手紙で思いを交換し合っていた。潤一郎から松子に送ったラブレターの数は、なんと200通にも及んだという。

谷崎潤一郎のラブレターより

志《し》賀《が》直《なお》哉《や》

その小説文体は理想と称された

我が家は動物王国

動物が大好きで自宅ではウサギやアヒルを飼っていた。ある時、酒屋が小熊を飼っているのをみつけて購入するのだが、妻に叱られ泣く泣く断念。

一途な愛

勘解由小路康子《かでのこうじさだこ》との結婚を父親から反対されたが、実家から籍を抜いて結婚を果たした。弟子たちもうらやむほどの理想の夫婦だった。

生没年

1883年2月20日～
1971年10月21日

出身地

宮城県牡鹿郡石巻町
（現・石巻市住吉町）

関係の深い人

武者小路実篤
谷崎潤一郎
芥川龍之介
太宰治
内村鑑三

作風

白樺派、心境小説、私小説。自由主義、リアリズムを根底とした無駄のない文章は、小説文体の理想形と称された。

ぷろふぃーる

明治16年、宮城県石巻に生まれる。祖父・志賀直道は旧相馬中村藩主相馬家に仕え、足尾銅山の開発にも関わった権力者。直哉18歳の時、足尾銅山に関する見解を巡り父親と衝突。親子間で確執が生まれ、その苦悩が作家活動の原動力となった。学習院初等科から高等科に進み、東京帝国大学文学部英文学科に入学。キリスト教思想家・内村鑑三に7年間師事した後、国文学科に移籍。武者小路実篤らと共に文芸誌「白樺」を創刊。美しい自然と人間の生命を高らかに謳った無駄のない構成は小説文体の理想形と称された。代表作は『暗夜行路』『和解』など。

イラスト by. 猫屋くりこ

志賀直哉といふ人物

学習院出身のお坊ちゃま 高価な自転車が宝物

志賀家は、旧相馬中村藩士の家柄で、祖父は二宮尊徳の門人、父親は第一銀行石巻支店に勤務する裕福な家庭だった。6歳で学習院初等科に入学した直哉は、豊富なお小遣いで同じような家柄の友人たちと放蕩三昧を楽しむヤンチャな少年だった。学習院中等科五年の時に、当時はかなり高価なデイトン自転車を祖父からもらうと毎日のように愛用。遠乗りも楽しみ、思い出を『自転車』に綴った。

父親との確執が 名作を生む原動力に

学習院時代は勉強が苦手で、授業もサボり遊び呆けていた為、二度も落第。父から「なんの因果で貴様のような奴が生まれたのか」となじられた。18歳の時に、祖父が関係していた足尾銅山鉱毒事件を巡り父親と大喧嘩し、さらに二度も結婚を阻止されたことで、遂に直哉は家を飛び出してしまう。この父との確執こそ彼の原動力となった。34歳で仲直りすると、『和解』でその経緯を綴った。

太宰治と 壮絶な論争バトル

ストレートな想いを無駄なく構成。洗練された文体は芥川龍之介からも高く評価され、文章のお手本として模写の題材にされるまでになった。やがて「小説の神様」と称されたのだが、太宰治は小説『津軽』の中で直哉を批判。すると、直哉は売られた喧嘩を買ってしまう。座談会で太宰治を猛攻撃すると、太宰は連載評論『如是我聞』で反撃。文壇を巻き込む大バトルに発展してしまった。

武者小路実篤とは 70年にわたる無二の親友

文芸誌「白樺」は、文壇をリードする存在となったが、まっすぐな性格だった直哉は朋友ともしばしばぶつかりあった。兄貴分だった有島生馬とは、彼が女中を捨てたことを『蝕まれた友情』で批判したことから絶縁状態へ。一方、学習院中等科以来の親友・武者小路実篤との友情は、約70年続いた。死の淵にあった直哉の病床には「実にたのしい二人は友達」と綴られた実篤からの色紙が飾られていた。

1883（明治16）	0歳	宮城県牡鹿郡石巻町に誕生。祖父は旧相馬中村藩士で二宮尊徳の門人。
1889（明治22）	6歳	学習院初等科に入学。
1900（明治33）	17歳	内村鑑三に師事。以後、7年間師事する。
1901（明治34）	18歳	足尾銅山鉱毒事件の見解をめぐり父と衝突。決定的な不和の原因に。
1902（明治35）	19歳	学習院にて生涯の友となる武者小路実篤、木下利玄と出会う。
1906（明治39）	23歳	東京帝国大学英文科に入学。
1908（明治41）	25歳	国文科に転科。処女作『或る朝』を発表。回覧雑誌『野望』を創刊。
1910（明治43）	27歳	『白樺』創刊し、創刊号で『網走まで』を発表。東京帝国大学を中退。
1912（明治45）	29歳	『大津順吉』『正義派』発表。父との不和が原因で広島県尾道市に転居。
1913（大正2）	30歳	尾道から帰京した際に、山手線にはねられて重傷に。
1914（大正3）	31歳	勘解由小路康子と結婚。
1917（大正6）	34歳	父と和解。『城の崎にて』『和解』を発表。
1921（大正10）	38歳	『暗夜行路』全編を発表。完結は昭和12年。
1971（昭和46）	88歳	肺炎のため、死去。

『城の崎にて』——

芝浦で素人相撲を見た帰り道、線路のすぐ側を歩いていたために山手線の電車にはねられてしまった「自分」。重傷を負い死の淵をさまよったものの、なんとか一命を取り止め、後遺症が残らないよう、療養のために兵庫県の城崎温泉を訪れた。そこで一人静かに物おもいにふけりながら「自分は死ぬ筈だったのを助かった、何かが自分を殺さなかった、自分にはやらなければならぬ仕事があるのだ」と思う様になる。

ある朝、玄関先で死んでいる一匹の蜂を見つけた。仲間の蜂が忙しく働くすぐ傍で、3日間も死んだまま放置されていた死がいを見つめているうちに、静かな死に淋しさを覚えた。

数日後、頭と首に魚串が突き刺さった大きな鼠が、川に投げ込まれるのをみつけた。その鼠に数人の子供や車夫が石を投げつけると、周りで様子を見ていた見物人たちは大声で笑った。しかし、自分は違った。死の直前にありながらも、必死に逃げ惑う鼠をみているうちに死に際の恐ろしさを痛感したのだ。

そんなある日、小川でイモリを見つけ、驚かせてやろうと石を投げると、それが偶然にも命中。おもいがけずイモリを殺してしまう。哀れに思う一方で、ふと動物たちの死と自分の生を比較した自分は、その差は曖昧であることに気づく。そして、大事故にあいながらも、偶然にも生き延びている自分の生を顧みるのだが、それでも、自分が生きていることに対する喜びを実感することはなかった。

『城の崎にて・小僧の神様』角川文庫刊

作品のポイント

主人公のモデルは直哉自身。大正2年、友人と素人相撲を見に行った帰り道に山手線の電車にはねられた事故と、その療養で訪れた城崎での実際の出来事を綴ったものである。大正6年「白樺」にて発表された。直哉自身が経験し、見て、感じた事柄を分かりやすい文章で簡潔にまとめたこの作品は心境小説として称賛され、中でも谷崎潤一郎には「芸術的手腕の要するところ」と絶賛された。さて、電車事故はその後、直哉自身の私生活にも影響を与える。最愛の人との結婚、娘の誕生、そして決別した父との和解へと繋がっていく。勿論、作品への影響も多大なものとなった。

父、親友、電車…衝突の連続

読んでおきたい作品

『暗夜行路』

祖父の元で暮らしていた時任謙作は、祖父が亡くなった後に祖父の妾だったお栄さんと一緒に暮らしていた。遊郭通いの放蕩三昧の生活に終止符を打ち、作家として執筆活動を始めた謙作は、尾道にひっこしてお栄さんとの結婚も決意。しかし、自分が祖父と母の不貞でできた子だと知り、お栄さんとの結婚を諦める。その後、京都で出会った直子と結婚するが、直子が従兄弟と不倫している現場を目撃してしまう。謙作は苦悩から脱しようと大山にこもる—。

完結までに16年の歳月を要した長編小説。

『暗夜行路』岩波文庫刊

『和解』

順吉は忙しい職業作家。長きにわたって確執が続く父がおり、長女が亡くなった原因も父親にあるとして逆上し家族の心配をよそに、長年の間、顔を合わせようとしなかった。しかし、娘の墓参りの為に地元に帰る電車の中、次女が誕生。また、病気の祖母の見舞いをするために、実家に帰省したことで父との対話が叶う。父は関係を修復したいと涙を流して胸の内を明かし、ようやく2人は和解する。

34歳の時の実体験を元に書かれた私小説。和解後、わずか半年で書き上げて出版に至った。

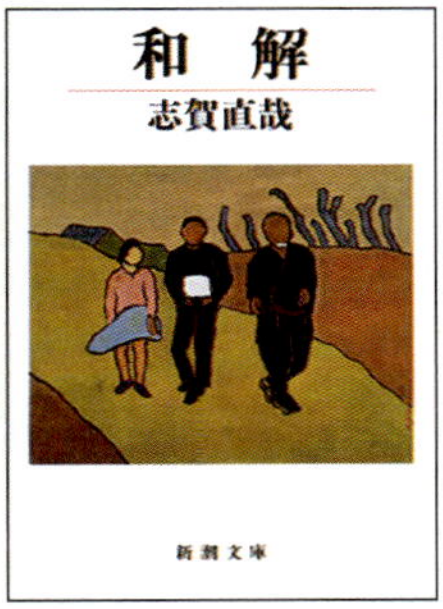

『和解』新潮文庫刊

文豪の名言・名文

自己嫌悪がないということはその人が自己を熱愛することのない証拠である。自己に冷淡であるからだ。

『青臭帖』より

自分を見つめなおせば、自己嫌悪に陥ることは当然の事。しかし、それがないということは自意識もなく他者に対しても無関心でいる証拠であるという意味。

くだらなく過ごしても一生、苦しんで過ごしても一生だ。苦しんで生き生きと暮らすべきだ。

『らくがき三つ』より

のんきに無駄な日々を過ごしても、苦労を重ねても同じ一生であることには変わりない。苦労をして、それを乗り越える充実した日々を過ごすべきである。

「(前略)仕方なく承知はしたものの、俺の方から貴様を出そうという考は少しもなかったのだ。それから今日までの事も…」こんな事を言っている内に父は泣き出した。自分も泣き出した。

『和解』より

『和解』の中で描かれた父子が想いを通じ合わせる瞬間。約15年にわたって続いた長いわだかまりが2人の涙で洗い流されていく様子は、深い家族愛を思わせ感動を呼ぶ。

菊《きく》池《ち》寛《かん》

文壇の頼れる番長！

世話好き兄貴肌

貧しい家に生まれた寛は自分が人気作家になると貧乏芸術家に小遣いを与えた。有望な者には10円、そうではない者にも5円あげていた。

麻雀ラブ♥

ダンスや競馬など多趣味だったが、一番は麻雀。麻雀ブームが起こり麻雀牌が手に入らなくなると、自分の出版社で作らせたほど。

生没年

1888年12月26日～1948年3月6日

出身地

香川県高松市

関係の深い人

芥川龍之介
久米正雄
上田敏
川端康成
横光利一

作風

新現実主義、新思潮派。主題を明確にした作風で知られた。

ぷろふぃーる

明治21年、香川県香川郡高松にて誕生。菊池家は高松藩の儒学者の家柄ながらも貧しかったため、寛は高松中学校を首席で卒業すると、学費免除で入れる東京高等師範学校に進学した。授業をさぼって除籍処分になってしまうが、寛の才能を見込んだ篤志家の援助で第一高等学校に入学を果たし、生涯の友となる芥川龍之介とであう。その後、時事新報社記者を経て作家デビュー。大正12年「文芸春秋」を創刊し、芥川賞、直木賞を創設した。後進の育成にも尽力したことで有名。代表作『真珠夫人』を始め、エンターテインメント性に富んだ作品も多い。

イラスト by. 唯奈

菊池寛といふ人物

東大マント窃盗事件に巻き込まれて自主退学

貧乏ながらも篤志家に才能を見込まれ、第一高等学校に入学が叶った寛。しかし、卒業間際で退学してしまう。なんと恩知らず…と思いきや、そこには彼らしい事情があった。退学の原因は、寛が同級生のマントを盗んで売りさばいた為とされているが、実は寛は事情も知らず頼まれて売却しただけ。しかし、その事実を誰にも打ち明けることなく、また言い訳もせず、男らしく退学を選んだ。

芥川の助けを得て『真珠夫人』でブレイク

大学を卒業後、時事新報社の社員となるが薄給の生活が続き、貧しい青年期を過ごした寛。結婚をした後も、まだ貧乏暮らしを続けていた。そんな彼に手を差し伸べたのが、親友の芥川龍之介。すでに有名人となっていた芥川が大阪毎日新聞の客員の職を紹介してくれた。同紙で発表したのが『真珠夫人』。作品は、大衆文学の最高峰としてたちまち大ブレイク。ようやく寛に経済的余裕が生まれた。

「文藝春秋」を創刊し貧しい芸術家を援助

出世作『真珠夫人』は、発売直後から映画化されるほどに大盛況。寛はその報酬を元に、念願の文芸誌「文藝春秋」を創刊し、遂に巨万の富と名誉を得た。しかし、そこで奢ることなく積極的に後進の育成に着手。彼を頼ってきた貧しい芸術家に小遣いを与え、世に出る手助けをした。その中にはサザエさんの作者・長谷川町子姉妹も。姉にはイラストの仕事を与え、妹には古典文学の講義を行った。

親友の才能を称えて芥川賞を設立した

親友・芥川龍之介の長男「比呂志」の名付け親は寛。「寛」の作家名は「かん」と発音するが本名は「ひろし」。親友の子に自らの名前を付けたのだ。そんな無二の親友・芥川が自殺したとき、一番に嘆き悲しんだのも彼だった。敬愛を込めた弔辞は名文として今も語られている。さらに、後世に親友の名と功績を残そうと芥川賞を設立。純文学の新人に与えられる文学賞として広く知られている。

1888（明治21）	0歳	香川県香川郡高松に誕生。菊池家は江戸時代、高松藩の儒学者の家柄。
1908（明治41）	20歳	東京高等師範学校（現・筑波大学）に入学。
1909（明治42）	21歳	授業を欠席し続けていたため、東京高等師範学校を除籍処分になる。
1910（明治43）	22歳	第一高等学校（現・東京大学）第一部乙類に入学。芥川龍之介と出会う。
1913（大正2）	25歳	第一高等学校を退学。京都帝国大学（現・京都大学）入学。
1914（大正3）	26歳	雑誌「新思潮」に参加。
1916（大正5）	28歳	京大卒業。時事新報社会部記者を経て小説家に。『暴徒の子』を発表。
1917（大正6）	29歳	『父帰る』を発表。
1920（大正9）	32歳	大阪毎日新聞にて『真珠夫人』を発表。
1923（大正12）	35歳	『文芸春秋』を創刊。
1925（大正14）	37歳	芥川賞、直木賞を創設する。文化学院文学部長就任。
1937（昭和12）	49歳	東京市会議員に当選。文芸銃後運動を発案し、翼賛運動の一翼を担う。
1938（昭和13）	50歳	「日本文学振興会」を創立。初代理事長に就任。
1948（昭和23）	59歳	狭心症のため死去。

『父帰る』

舞台は、明治20年頃。つつましやかな暮らしをする黒田家の物語である。

黒田家を支えていたのは、長男の賢一郎。役所勤めの28歳で、年齢の割には落ち着いた雰囲気の青年だ。彼は自宅に帰ると、妹の帰宅が遅い事を気にかける。母親から「仕立物を届けに行った」と聞くと渋い顔をする。妹は美人だったが、何度も見合いを断り、結婚するそぶりをみせなかったからである。それと、結婚前にお金をためておきたいという妹の心理も気に入らない。彼が、なぜ父親代わりのなったのか。それは、20年前に実父が愛人を作って家出してしまったためだった。彼は貧しい生活を恨みつつも父親役をこなし、弟の進学の面倒をみて、今度は妹の結婚の身支度も整えてやりたいと考えていたのだ。

やがて、弟の新二郎が帰宅し、妹のおたねも帰ってきた。帰宅するなり「今帰って来るとな、家の向う側に年寄の人がいて家の玄関の方をじーと見ているんや」。そうおたねが告げると3人の顔色が変わる。

その時「御免！」という声と共にボロボロの身なりをした父親が玄関先に現れた。父は、仕事も金も失い、しかも年老いてしまったために家族が恋しくなって戻ってきたとうちあけた。母と妹は喜んで家に招き入れようとするが、賢一郎は頑くなに拒んで恨みをぶつけた。やがて父が失意のまま立ち去ると、賢一郎は弟に呼び戻すように命じるが、すでに父の姿は見当たらなかった。

『父帰る・恩讐の彼方に』旺文社文庫刊

作品のポイント

大正6年に発表した戯曲で、発表当時は注目されなかったが、3年後に舞台化されたのをきっかけに話題になり、3度映画化をされるまでになった。テーマは、家族愛。社会的には認められない過ちや罪を、家族は一体どこまで許せるのかを問いかけている。20年の時を経て、みすぼらしい姿になって家族の元に戻ってきた父に対し、これまで苦労を重ねてきた長男は積年の恨みをぶつける。しかし、最後、父親の姿が見えないと分かると、狂ったように家を飛び出していく。そこに込められた悔しさは？　愛は？　後悔は？　衝撃的なラストシーンが招く圧倒的な余韻こそ本作の神髄だ。

何度も映画化された名作揃い

読んでおきたい作品

『恩讐の彼方に』

中川三郎衛門に仕える武家奉公人の市九郎は、主の妾であるお弓を巡り、主を斬り殺してしまう。逃亡の後、昼は茶屋で働き、夜は強盗を働き生活していたが、ふいに嫌気が差し出奔。罪滅ぼしの為に死亡事故が絶えない難所、耶馬渓に洞門を掘り始める。最初は人々に「できるはずがない」とバカにされていたが、18年目に半分まで到達し、それを見ていた地元の人々も手伝い20年目に貫通間近となる。そんな矢先に三郎衛門の子、実之介が仇討ちにやってくる――。ヒューマニズム溢れる時代小説。

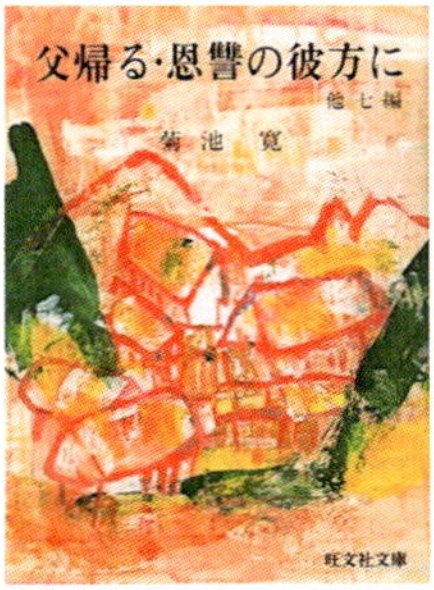

『父帰る・恩讐の彼方に』旺文社文庫刊

『真珠夫人』

男爵の娘・瑠璃子には子爵の息子・直也という恋人がいたが、貿易商の壮田勝平の陰謀にはまり結婚を承諾する。しかし、直也には貞操を守ることを誓い、どんなに夫に迫られても拒否し続けた。そんなある日、夫は心臓発作で急死。未亡人となった瑠璃子は、自宅をサロンにして、女王様のように男遊びを開始。その一方、義娘・美奈子は実の妹のようにかわいがっていた。しかし、弄んでいた学生が美奈子の初恋の男であったことを知り後悔。そんな矢先、学生にナイフを突きつけられてしまう。

『真珠夫人』文春文庫刊

文豪の名言・名文

**君が自ら択し自ら決したる死について
我等何をか言はんや
ただ我等は君が死面に
平和なる微光も漂へるを見て甚だ安心したり**

芥川龍之介への弔辞より

芥川龍之介の葬儀の際、友人総代として読み上げた弔辞。死に顔をみて「安心した」とは芥川の苦悩を熟知していた親友にしか言えない最高の慈しみの言葉である。

不幸のほとんどは、金でかたづけられる。

菊池寛の言葉より

幼少期から青年期にかけて貧乏暮らしを強いられていた寛が言ってこその名言。富と名声を得た後の功績も含めて、かなりの説得力がある。

少数の天才や才人だけが創作の権利を壟断した文芸の貴族政治は、過去のものだ。

菊池寛の言葉より

当時、文壇を飾っていたのは裕福な家庭に生まれ十分な高等教育を受けた才人、もしくはかつて神童を呼ばれた一部の天才ばかり。貧しい家庭で、学校も退学を繰り返していた寛は、こう主張して後身達の背中を押した。

川《かわ》端《ばた》康《やす》成《なり》

孤児から世界の文豪へ

実は超能力者

幼い頃は超能力を持っていた。無くしたものの在り処を当てたり、来客や天気予報も的中させ、神童と崇められた。

図書館制覇

幼い頃から祖父に読み書きを習い、やがて読書に没頭。小学校の図書館にあった本を全て読みつくしてしまったという。

生没年

1899年6月14日～
1972年4月16日

出身地

大阪市北区此花町
(現・大阪市北区天神橋)

関係の深い人

横光利一
菊池寛
芥川龍之介
三島由紀夫
岡本かの子

作風

新感覚派の作風で注目され、その後も様々な作風の変遷を見せた。

ぷろふぃーる

明治32年、大阪府大阪市生まれ。康成が2歳の時に父が他界。以降、次々と家族を亡くし孤児となる。大阪府立茨木中学校に首席で入学。中2の時に作家になる夢を抱き、様々な文芸雑誌を愛読するようになった。大正10年、東京帝国大学文学部に入学。今東光と共に第6次「新思潮」を創刊。「招魂祭一景」が菊池寛から絶賛された。大学を卒業した25歳の時、横光利一らと共に「文藝時代」を創刊し「新感覚派」の筆頭として注目を浴びるようになる。昭和43年、69歳の時に日本人初のノーベル文学賞を受賞した。代表作は『伊豆の踊子』『雪国』など。

イラスト by. 佐々子

川端康成といふ人物

10代で家族を全員亡くし孤児になってしまう

父は開業医だったが、病弱で肺を患っており、病院経営の無理も影響して、康成が1歳7カ月の時に他界してしまう。その後、3歳で母も亡くなり祖父母の家に引き取られたが、小学校入学当時に祖母、続いて姉が、11歳の時には祖父も鬼籍に入り孤児となった。そんな康成の心の支えとなったのが文学。武者小路実篤など文豪の作品から、源氏物語、ドストエフスキーまで幅広いジャンルに親しんだ。

初恋の相手は年下の美少年

孤児となった康成は、寄宿舎で暮らすようになる。深い孤独を抱え、自分のように心が歪んだ醜い人間は誰からも愛されるはずがないと鬱々とした毎日を送っていたが、そんな彼を明るい光で照らしたのが小笠原義人という美少年だった。神の存在を信じ、無垢な感情で接する彼に対し康成は恋心を抱くようになり、卒業後にも頻繁に手紙を交わすようになる。その初恋を『少年』として発表した。

これまでにない表現スタイルが話題に

21歳で東京帝国大学文学部に入学。第六次「新思潮」を創刊すると、掲載した「招魂祭一景」が菊池寛に賞賛され、プロとして原稿依頼を受けるようになる。また、菊池の仕事を手伝うようにもなり、自宅で無二の親友となる横光利一を紹介された。卒業後「文藝時代」を横光をはじめ14人の仲間と創刊。これまでにない表現法が特徴的だったことから「新感覚派」と呼ばれ、文壇の注目を一身に集めた。

ノーベル文学賞受賞のわずか3年後に自殺

1968年、日本人初のノーベル文学賞を受賞。この快挙に鎌倉の川端邸には多数の報道陣が押し寄せ、物静かな康成が憤怒する場面もあった。それでも取材や雑事を断らないのが康成の人柄。以前から作家仲間の葬儀委員長を務めるなど雑務に追われていたが、受賞以降は倍増し体調を崩す。そして、1972年、逗子の仕事部屋で書きかけの原稿を残しガス自殺。遺書はなく衝動的だった。

1899（明治32）	0歳	大阪市北区にて、開業医の父・栄吉の長男として生まれる。
1901（明治34）	2歳	父が結核で死去。翌年、母も同じく結核で死去。祖父母に引き取られる。
1912（明治45）	12歳	旧制茨木中学校（現・大阪府立茨木高等学校）に首席で入学。
1914（大正3）	15歳	祖父が死去し孤児になる。
1917（大正6）	18歳	第一高等学校（現・東京大学）英文科に入学。
1918（大正7）	19歳	伊豆に一人旅。旅芸人の一行と道連れとなり14歳の踊子・たみと出会う。
1920（大正9）	21歳	東京帝国大学文学部英文学科に入学。
1921（大正10）	22歳	菊池寛に認められ第6次『新思潮』発刊。芥川龍之介と出会う。
1924（大正13）	25歳	東京帝国大学国文科を卒業。『文藝時代』を創刊。
1926（大正15）	27歳	『伊豆の踊子』を発表。松林秀子（後の妻）と同棲生活が始まる。
1933（昭和8）	34歳	小林秀雄、宇野浩二らと『文學界』創刊。随筆『末期の眼』を発表。
1934（昭和9）	35歳	『雪国』断章を発表。芥川賞の選考委員となる。
1968（昭和43）	69歳	ノーベル文学賞を受賞。
1972（昭和47）	72歳	逗子マリーナのマンションの仕事部屋でガス自殺。

『伊豆の踊子』――

孤児根性で性格が歪んでいると自己嫌悪に陥っている学生の「私」。その重苦しい憂鬱な孤独に耐え切れず20歳の時に、伊豆に1人旅に出かける。すると、湯河原で旅芸人の一座に会い、その中の1人、若い踊子に惹かれた私は、下田まで一緒に旅をすることにした。この時、踊り子の年齢は17歳くらいだろうと予想する。

芸人一座とは宿は別々だったが、太鼓の音が料理屋から聞こえてきたために、芸人一座がそこのお座敷に呼ばれていることに気づく。しばらくすると追いかけっこするような音が聞こえてきたが、静まり返ると私はふと心配になる。踊子が今夜、汚されてしまうのではないかと感じたのだ。

その翌朝、旅芸人の男と一緒に風呂に入っていると、川向こうの共同湯から裸の女が飛び出してきて、こちらに手を振っているのが見えた。踊子だった。その幼く無邪気な様子に私はホッとした。彼女はまだ子供だったのだ。大人のような恰好をしていたので17歳くらいだと勘違いしていたが、実際はまだ14歳。しかも、知り合いを見つけ裸のままで手を振るほどに無垢な子供だったのだ。

下田につくと、私は家に帰ることになり旅芸人たちに別れを告げる。すると船着き場まで男と踊子が見送りに来てくれた。その優しさにふれた私は、人の親切心を素直に受け入れられるようになっていた自分に気づいて涙を流しながら喜びをかみしめるのだった。

『伊豆の踊子』新潮文庫刊

作品のポイント

大正15年、「文藝時代」に発表された短編小説。物語の背景になっているのは、康成自身が19歳の時に伊豆に一人旅をした時の思い出である。そこで旅芸人の一行と出会い、踊り子の加藤たみと出会った。この時、康成は苦悩のあまり寄宿舎の誰にも言わず、飛び出すように旅に出かけた。そして、その心境は「すべて書いた通り。事実そのままである」と、後に康成自身が述べている。また、これが「私の旅の小説の幼い出発点である」と話している通り、孤児ゆえの孤独、自己否定、無垢な存在への憧れなど、その後の作品にも反映されており「新心理主義」として高い評価を得ている。

国内外で名高い名作

読んでおきたい作品

『雪国』

文筆家の端くれである島村は、上越の温泉町で芸者の駒子と、友人の葉子と知り合いになる。駒子は許嫁の病気治療費を稼ぐために芸者になったのだが、本人はなぜか否定し島村と懇意になる。その一方で、病気の恋人を看病する葉子のひたむきさに惹かれ親しくなると、葉子の恋人が駒子の許嫁であることを知らされる。その彼が亡くなり、3度目に温泉地を訪れた時、火事になった映画館から葉子が飛び降りる現場を目撃する。38歳で発表した、ノーベル文学賞の対象作品となった国際的な名作。

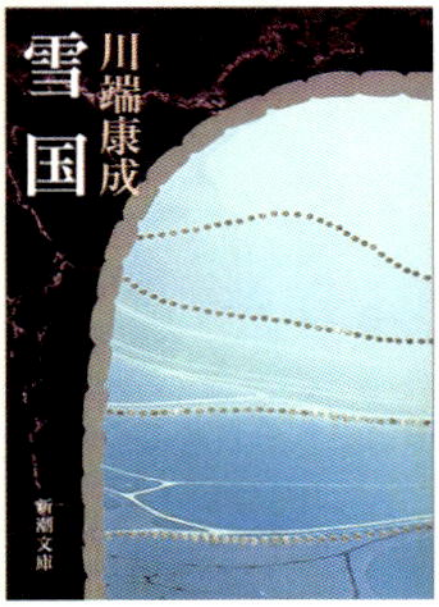

『雪国』新潮文庫刊

『山の音』

会社の重役を務めている尾形信吾は、妻の保子と長男の修一、その嫁の菊子と4人暮らし。62歳になったある日の深夜、地鳴りのような「山の音」を聞き、死期を宣告されたような気分になる。その頃から、初恋の女性である妻の姉と嫁の菊子との面影を重ねるようになり、次第に菊子に惹かれていく。菊子が、修一の浮気に悩んでいることを知ると優しく慰め、そんな義父に菊子も「傍にいたい」と告げるが、信吾は別居を申し出る—。第7回・野間文芸賞を受賞した、戦後日本文学の最高峰。

『山の音』新潮文庫刊

文豪の名言・名文

別れる男に、花の名を一つは教えておきなさい。花は毎年必ず咲きます。

川端康成の言葉より

大学時代に結婚を約束していた相手に一方的にフラれてしまった過去を持つ康成。それ以降、非常に繊細な恋愛観を持つようになり、乙女以上に乙女チックな言葉を紡ぎだしていく。

霊魂が不滅であるという考え方は、生ける人間の生命への執着と死者への愛着とのあらわれでありましょう。

川端康成の言葉より

幼少期から身近な人たちの死に直面し、成人した後も親友たちが次々と亡くなったことで、独特の死生観を持っていた康成。深い自己否定の末にたどり着いた思いだけに、清々しい感動を覚える。

お前の指を、手を、腕を、胸を、頬を、瞼を、舌を、歯を、愛着した。

『少年』より

中学時代に同性愛的な感情を抱いていた美少年との思い出を綴った『少年』の中の言葉。これは彼に出せなかったラブレターの一節で、作文の課題として提出した。まさに恋は盲目である。

梶《かじ》井《い》基《もと》次《じ》郎《ろう》

病と闘った無頼漢

生前は無名のまま

原稿料をもらったのは「中央公論」に著した『のんきな患者』だけ。ほかは同人誌への発表だった。生涯で残した作品も20編程度。

絵画も守備範囲

文学青年だっただけでなく、絵画も愛した基次郎。ポール・セザンヌの名前をもじった「瀬山極」というペンネームを使ったことも。

生没年
1901年2月17日～
1932年3月24日

出身地
大阪市西区

関係の深い人
川端康成
宇野千代
中谷孝雄

作風
観念的な作品が多い。古典的な日本文学、ロシア文学の影響を受けた、インテリジェンス思考の高い端正な文章が特徴。

ぷろふぃーる
兄がエンジニアだったことから三高入学時は理系だったが、学友たちの影響で文学に興味を持つように。夏目漱石や白樺派などの作品を耽読する。ゴッホ、セザンヌなどの絵画、西田幾多郎やニーチェの哲学など文学以外にも深い興味を示し、学生時代は演劇の演出などもやっていた。三高卒業後は東京帝国大学文学部に入学。同人誌に『檸檬』などを発表。体調をくずし伊豆で病気療養した際には川端康成や宇野千代ら文人と親交を持つ。晩年は闘病に苦しみ、病を描いた作品も多い。「中央公論」に『のんきな患者』を発表。同年、容体が悪化し永眠。

イラスト by. 唯奈

梶井基次郎といふ人物

理科生なのに文学青年に

エンジニアをしていた兄の影響で、もともとは理系人間。だが第三高等学校理科甲類に進学すると、後に『日本浪漫派』などで活躍する中谷孝雄、映画評論家となる飯島正らと親交を深め、文学青年になった。「夏目漱石全集」をそろえて以後は志賀直哉、谷崎潤一郎の作品を好んで読むようになる。トルストイはじめロシア文学にも傾倒。ほかの芸術にも興味を持ち学生演劇の演出も行っていた。

有名な無頼漢、やんちゃな学生時代

病気で夭折したこともあり病弱なイメージがあるが、実はかなりの無頼漢。父親がビリヤード屋をやっていたこともあり、基次郎もビリヤードに熱中。本人も〝退廃的生活〟と語るように学生の頃は酒に溺れる日々が続いた。酔っ払ってラーメン屋の屋台をひっくり返したり、料亭の池で鯉を追いかけたりと武勇伝は数知れない。喧嘩も繰り返し、ビール瓶で殴られた時にできた傷は終世残った。

作風にも影響を及ぼした病との闘い

基次郎は19歳で肺結核を患って以来長く、その病と闘うことになる。『冬の日』や『冬の蝿』といった諸作品に闘病の様子が描かれているように、病と戦い続けた作家であったといえる。小説家として認められるのは死の前年で、生前に出版されたのは、三好達治ら友人らの尽力で刊行された創作集『檸檬』だけだった。

病気療養先、伊豆での宇野千代との恋

持病である肺結核が悪化したことで、伊豆湯ヶ島温泉へ。2歳年上の川端康成らと親交を持つことに。川端の作品集『伊豆の踊子』の校正を手伝う。この地では萩原朔太郎や尾崎士郎とも交流を持ったが、中でも尾崎の妻だった宇野千代と親しくなり、宇野に恋心を抱くように。これをきっかけに宇野は尾崎と離婚することになったが、基次郎の恋が成就することはなかった。

1901（明治34）	0歳	大阪府大阪市で生まれる。
1909（明治42）	8歳	父の転勤で、東京市しばく二本榎西町（現・港区高輪）に転居。
1914（大正3）	13歳	父の転勤で大阪市西区に転居。大阪府北の中学校（現・大阪府北高等学校）に転入。
1919（大正8）	18歳	第三高等学校（現・京都大学）理科甲類入学。寄宿舎で中谷孝雄らと知り合う。
1920（大正9）	19歳	肋膜炎と診断され療養。長期休学するも11月に復学。
1922（大正11）	21歳	病状がよくない中、退廃的な生活を繰り返す。
1924（大正13）	23歳	重病のフリをして教授たちに卒業を懇願し第三高等学校を卒業。東京帝国大学に入学。

1925（大正14）	24歳	中谷孝雄らとともに同人誌『青空』を創刊。創刊号に『檸檬』を発表。
1926（昭和元）	25歳	病気療養のため伊豆の湯ヶ島温泉へ。川端康成らと交流。
1927（昭和2）	26歳	川端の作品集『伊豆の踊り子』の校正を手伝う。湯ヶ島で萩原朔太郎、尾崎士郎、宇野千代らと親交を持つ。28号で『青空』廃刊。
1928（昭和3）	27歳	『詩と詩論』に『桜の樹の下には』を発表。
1931（昭和6）	30歳	初の創作集『檸檬』を刊行。病状が悪化し病床での生活に。
1932（昭和7）	31歳	浮腫が出るなど容態が悪化。家族が見守る中永眠。

『檸檬』

えたいの知れない不吉な塊に押さえつけられたような焦燥、嫌悪を感じている「私」は鬱々とした気持ちの中で京都の街をさまよっていた。あるとき果物屋で檸檬を見つける。檸檬の、絵具をチューブから搾り出して固めたような単純な色も、紡錘型の格好も好きだという「私」は、1つだけ檸檬を買い、街をさまよう。檸檬を握った瞬間から、「不吉な塊」が弛んだと感じ、憂鬱がまぎれたことを実感する。檸檬を持っただけで、「私」の気持ちは軽くなり幸福な気持ちで街を歩く。そして最後に着いた場所が、以前は好きだった丸善だった。そこは生活が蝕まれてから、むしろ重苦しいと感じ、足が遠のいていた店だった。

店に入ると、「私」の中にあった幸福な感情が逃げていった。画集を一冊一冊取り出して積み上げながら、憂鬱になった。そして袂の中の檸檬の存在を思いだす。檸檬を積まれた本の上に載せると、ガチャガチャした色の階調は紡錘型の身体の中に吸収された。「私」はそれを眺めていたが、そのうちに次のアイディアが生まれる。檸檬をそのままにして「なに喰わぬ顔」で店の外に出ようというものだ。店を出るとくすぐったい気持ちが私を微笑ませた。自分が丸善に爆弾を仕掛けた悪漢で、丸善が美術の棚を中心に大爆発したら、どんなに面白いだろう。「そうしたらあの気詰まりな丸善も粉葉みじんだろう」、そんな妄想を抱きながら「私」は京極の街を下って行った。

『檸檬』角川文庫刊

作品のポイント

生活が蝕まれる前に好きだった場所、丸善も重苦しい場所に変わってしまったと「私」は語っている。檸檬を買ったのちに、さまよいの果てでその丸善を訪れるが、檸檬を手にした時の幸福感は丸善の中では失せてしまう。自分にとって美しいもの、好むべきものの象徴だった丸善で感じる憂鬱は、つまり人生や現実に対しての想いと解釈できる。檸檬を爆弾に見立てることで、自分を取り巻く現実を打破したい、という基次郎の気持ちが読み取れる。一方で、感覚的に丁寧に描かれる檸檬をめぐる描写などは詩的で美しい。精神世界を描いただけの小説に止まらないことで、多くのファンを持つ名作となっている。

マネできない想像力！

読んでおきたい作品

『桜の樹の下には』

桜の花の美しさにかえって憂鬱になってしまう「俺」はその根元には人の屍体が埋まっているのだと夢想する。屍体から桜が液を吸い取って、桜が爛漫と咲き誇っているのだという。ほかにも渓で見た薄羽かげろうの屍体の話などを引いて、自分の心には惨劇が必要だ、と語る。常に憂鬱に乾いていて、憂鬱を感じたときに心が和むのだ。再び桜の話に戻り、桜の下に屍体が埋まっているという空想に耽る。今こそ自分はほかの人と同じように花見の酒が呑めそうな気がする、と「俺」は言う。

『梶井基次郎』筑摩書房刊

『城のある町にて』

小さい妹の死後、城のある町に住む姉のところにやってきた峻《たかし》は、城跡に登ったり散歩しながら、町や町の人々たちの様子を静かに眺める。姉夫婦、姪の勝子、義兄の妹信子と手品を見に芝居小屋に行ったり、城のある崖から洗濯をする女性の姿に見入ったり、松坂市での何気ない暮らしが描かれる。

8月が終わり、信子が寄宿舎に戻ることに。家族のやりとりや信子の出発の様子を想像し峻の心が清く洗われる。その夜、眠れずに雨で足を冷やす峻は物干しにかかった信子の浴衣を見て頬を熱くする。

『梶井基次郎』筑摩書房刊

文豪の名言・名文

俺に童貞を捨てさせろ

友人中谷孝雄にいった言葉

第三高等学校時代、酔った基次郎が友人たちにいった言葉。その後遊郭で童貞を失うが、「堕落してしまった」とその夜のことを呪っていたという

えたいの知れない不吉な塊が私の心を始終圧さえつけていた。

『檸檬』より

病と闘い鬱屈としていた基次郎の気持ちを表した一文。対峙しないとならない現実への焦燥や苛立ちを表す。『檸檬』の冒頭を飾った一文。

今、空は悲しいまで晴れていた。

『城のある町にて』より

作品の舞台となった松坂市の景色と、妹の死を思う心の景色との重なりを示す一文。この美しい一節は、物語の通奏低音として読者の胸に響き続ける。

大正時代の思潮《しちょう》

明治末期に主流だった自然主義に反対する立場だった耽美派と白樺派が、大正を代表する文学に。中期から後期にかけて新現実主義が盛んになり、大衆小説も多くの読者を得た。

【反自然主義】

明治40年代の文壇の主流だった自然主義と対立した思潮。余裕派／高踏派、耽美派、白樺派などに分かれる。

【余裕派／高踏《こうとう》派】

反自然主義の一派。現実に対して広い視野と余裕をもって対象を捉えた。理知的で論理的な独自の文学世界を築いた。

▼代表的な作品

『こころ』夏目漱石　『雁』森鴎外

【耽美《たんび》派】

反自然主義の一派で、フランスやイギリスで起こった思潮の流れをくむ。自然主義の醜悪な現実に対し、美を至高とした世界を描いている。

▼代表的な作品

『刺青《しせい》』谷崎潤一郎　『すみだ川』永井荷風

【白樺《しらかば》派】

反自然主義の一派。明治40年創設の雑誌「白樺」から生まれる。生命とその創造力を信じ、自我や個性の尊重を主張した。自然主義の描く絶望的現実とは対照的な世界を構築した。

▼代表的な作品

『城の崎にて』志賀直哉　『お目出たき人』武者小路実篤《むしゃのこうじさねあつ》

【新現実主義】

大正時代中期から後期にかけて見られた思潮。耽美派、白樺派の理想主義が現実を見失っているのではないかという疑問から、新しい視点で現実を見直す動きが生まれた。

【新思潮派】

新現実主義の一派。白樺派の自己肯定や観念的な理想に満足せず、卑小で醜悪な人間の姿や現実の矛盾を鋭く捉える。

▼代表的な作品

『羅生門』芥川龍之介　『父帰る』菊池寛

昭和の文豪

太《だ》宰《ざい》治《おさむ》

常に死の影がつきまとう天才

お金持ちの優等生

父は県会議員などを務めた地元の名士。財産家のもとに生まれ、小・中学時代と成績はトップ。そんな自身の階級を思い悩んでいた。

着こなしがキザ？

当時では大柄の171㎝で目立ち、何気なく長靴や帽子を身に着けただけでオシャレに見え、周りに「奇を衒っている」と忠告された。

生没年

1909年6月19日～
1948年6月13日

出身地

青森県北津軽郡
（現・青森県五所川原市）

関係の深い人

芥川龍之介
井伏鱒二
川端康成
佐藤春夫
檀一雄

作風

無頼派・新戯作派。前期は生死の不安を綴り、中期は明るくユーモラスな作風。戦後の後期は破滅に向かう人間の美を描いた。

ぷろふぃーる

本名・津島修治。津軽の大地主の家で11人中第10子・6男に生まれる。16歳頃から小説を書き始め、同人誌を創刊。20歳頃から左翼思想に傾倒し、最初の自殺未遂。この後も最期に至るまで幾度も自殺を図る。東京帝国大学仏学科入学後は井伏鱒二に弟子入り。27歳で処女短編集『晩年』を刊行。石原美知子と結婚後は東京・三鷹で『富嶽百景』『走れメロス』などを執筆。38歳で『斜陽』執筆後、愛人の太田静子との間に娘が誕生。翌年、結核悪化の中『人間失格』を執筆。未完の『グッド・バイ』を遺し山崎富栄と玉川上水で入水自殺。

イラスト by. サキコ

太宰治といふ人物

芥川龍之介の大ファン

太宰の若い頃の写真には、芥川が写真でしている顎を手で覆うポーズを真似たものがいくつも見られる。また、学生時代の落書きノートに、まるで好きな人の名を書くまじないのように、「芥川龍之介」の名を執拗に書き連ねた箇所が発見されている。芥川が自殺の3カ月前に講師を務めた、青森市内の講演会にも足を運んでいた。青春時代は熱狂的な芥川ファンであったことが窺える。

懇願し続けた芥川賞受賞

「文藝」発表の『逆行』が第1回芥川賞候補になるも落選。パビナール中毒だった26歳当時、薬代の借金返済と実家からの信用回復をねらって受賞を切望した。「作者、目下の生活に厭な雲あり」とした選考委員の川端康成に「刺す。そうも思った。大悪党だと思った」と文芸誌上で反撃。師事していた佐藤春夫に手紙を送り第2回授賞を哀願。しかし以後「すでに新人に非ず」と候補から外された。

人生で5回の自殺決行

酔って友人の檀一雄を心中に誘ったこともあるほど、常に自殺願望に囚われていた太宰。20歳でカルモチン自殺未遂。行きずりの田部あつみとは入水し、太宰だけ生き残る。都新聞社（現・東京新聞）入社失敗時に首吊り未遂。28歳、内縁の初代と心中を図り失敗。38歳で山崎富栄と入水自殺を完遂。遺体発見は太宰の誕生日の6月19日。この日は短編『桜桃』にちなみ「桜桃忌」と呼ばれている。

目まぐるしい女性遍歴

18歳で花柳界に出入りし、芸妓の小山初代と同棲。21歳で銀座のカフェの女給・田部あつみと心中を図るが、翌月に初代と仮祝言。しかし初代が義弟と姦通して離縁。井伏鱒二の仲介で高校教師・石原美知子と結婚し、1男2女を授かる。38歳で愛人の太田静子との間に娘が誕生。同年出会った戦争未亡人の山崎富栄と心中。のち、美知子宛に「誰よりも愛してゐました」と書いた遺書が発見された。

1909（明治42）	0歳	青森県北津軽郡の大地主の家に生まれる。
1927（昭和2）	18歳	芥川龍之介の自殺に衝撃を受ける。
1929（昭和4）	20歳	深夜に一人で睡眠薬自殺を図るが未遂。
1930（昭和5）	21歳	東京帝国大学仏文科に入学。心中を図った女給が死亡。
1931（昭和6）	22歳	小山初代と仮祝言を挙げる。東大の反帝国主義学生連盟で非合法活動を続ける。
1933（昭和8）	24歳	同人誌「海豹」に『魚服記』を発表。
1935（昭和10）	26歳	『逆行』が第1回芥川賞候補になるも落選。大学除籍後、就職に失敗し首吊り自殺未遂。
1936（昭和11）	27歳	第一作品集『晩年』を刊行。初代と心中未遂、離縁。約一年間筆を絶つ。
1939（昭和14）	30歳	石原美知子と結婚し、甲府市の新居に移る。『富嶽百景』『女生徒』などを発表。
1940（昭和15）	31歳	『走れメロス』発表。『女生徒』が川端康成より激賞され、北村透谷文学賞受賞。
1944（昭和19）	35歳	『津軽』を発表。以後も戦時下で『お伽草紙』『パンドラの匣』など明るめの作品を発表。
1947（昭和22）	38歳	『ヴィヨンの妻』『斜陽』を発表。
1948（昭和23）	38歳	『如是我聞』で文壇批判。『人間失格』発表。山崎富栄と心中。

『斜陽』

戦後、没落貴族となったかず子と母は、叔父の勧めで東京の家を売り、伊豆の別荘地で畑仕事をして暮らし始める。南国の戦地で行方不明となっていた弟の直治が帰還するが、戦前麻薬中毒になっていた頃と同様に家の金を持ち出し、東京へ行って放蕩する。「最後の貴族」と尊敬していた貴婦人の母は体を弱らせていく。そして結核が進行し、帰省した直治とかず子に看取られて息を引き取る。

その後、直治は母の宝石箱を持ち出し、東京で飲んだくれる。人妻を恋慕うも成就せず、やがて行きずりのダンサー女性を連れて帰ってくる。かつて離婚と流産を経験していたかず子だったが、母の死に打ちひしがれ、恋と革命に生きることを決意。かねてより直治の面倒を見ていた、小説家で既婚者の上原二郎に会いに東京へ繰り出す。上原にはそれまで3通の熱烈なラブレターを送っていた。

しかし東京の酒場には、6年前に会った時とは変わり果てた、老猿のような上原の姿があった。恋心が消失するも一夜をともにし、伊豆へ帰宅すると、直治が自殺していた。かず子は上原に向けて最後の手紙を書き、お腹に子どもが出来たと告白。そしてたった一つの願いとして、また忘れかけられた女のいやがらせとして、生まれた子を上原の妻に抱かせ「これは、直治が、或る女のひとに内緒に生ませた子ですの」と言いたい、と申し出て手紙を締め括る。

『斜陽』新潮文庫刊

作品のポイント

「新潮」に連載され、刊行後は増刷を重ねて太宰を流行作家に押し上げた長編小説。没落貴族を指す「斜陽族」という流行語も生まれ、太宰の生家は記念館として「斜陽館」と名付けられた。滅びるなら華麗に滅びたい、と思う29歳のかず子の語りで進められ、途中、麻薬中毒に破滅する直治の日記と遺書が挟まれる。かず子と直治、最期まで貴婦人の母、酒浸りの小説家・上原と、それぞれの有体を貫きながら滅びゆく姿を描いている。かず子のモデルとなったのは、太宰が手紙を介して知り合った太田静子。静子は太宰の打診を受け、小説の題材として自身の日記を提供した。

人間不信の描く絶望と希望

読んでおきたい作品

『人間失格』

「私」は、とある男の幼少期と学生時代、晩年の3枚の写真を見て、どこか薄気味悪さを感じる。写真の人物、大庭葉蔵は、裕福な家庭で子どもの頃から道化を演じ、成績優秀だった。上京後は酒と淫売婦と左翼思想に浸かり、無名の漫画家仕事をしながら、女性と心中事件を起こす。果ては薬物依存となり田舎で入院。27歳の若さにして40歳以上に見える様相を呈していた。「私」の第三者目線で語るはしがきとあとがき、葉蔵による第一～第三の手記で構成された、太宰の遺書ともいわれる自伝的中編小説。

『人間失格』新潮文庫刊

『走れメロス』

村の羊飼いのメロスはシラクスの町で、多くの人を処刑しているディオニス王の暴君ぶりを聞き激怒する。王暗殺を決意するも捕らえられ、処刑されることになるが、妹の結婚式を終える三日後の日没までの猶予を乞う。人を信じない王に対し、親友のセリヌンティウスを人質として置いていく。村で結婚式を済ませ、戻る途中、川の氾濫や山賊の襲来に見舞われながらも、疲労困憊のメロスは走り続けて日没直前に城に到着。抱擁を交わす二人の友情を見て、王は改心した。人を信じることの尊さを諭す短編小説。

『走れメロス』新潮文庫刊

文豪の名言・名文

死のうと思っていた。ことしの正月、よそから着物を一反もらった。〈中略〉これは夏に着る着物であろう。夏まで生きていようと思った。

『葉』より

死へ向いた意識が少し生へと傾く瞬間。36の断章の冒頭におかれ、ラストの「どうにか、なる。」という気楽で前向きな生の決意へと昇華される。

恥の多い生涯を送って来ました。自分には、人間の生活というものが、見当つかないのです。

『人間失格』より

家庭や学校で他者と異なる自己の感覚に苦悩し、求愛の手だてとして道化を演じるさまを恥じる男。太宰自身の人生を自虐的に振り返る冒頭文。

人間は恋と革命のために生まれてきたのだ。

『斜陽』より

恋も革命も、世間の大人たちからは愚かなものだと教えられてきた。しかし、敗戦後はその教えの反対に生きる道があるようだ、と主人公のかず子は確信する。

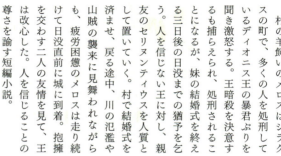

昭和の文豪

宮《みや》沢《ざわ》賢《けん》治《じ》

死後に評価されたみちのくの詩人

躁うつ病

中学5年のときに法華経に改宗し、25歳のときに突然教団本部で働き始めた賢治。躁うつ病の影響では？といわれている。

菜食主義者

18歳のときに法華経に入信。それ以降、友人に「生物のからだをやめました」と手紙を送り、菜食生活を続けていた。

生没年

1896年8月27日～
1933年9月21日

出身地

岩手県稗貫郡里川町
（現・岩手県花巻市）

関係の深い人

石川啄木
草野心平
高村光太郎

作風

東北地方の自然と生活がモチーフの作品が多い。法華経に傾倒し、独特の宇宙的感覚や宗教的心情が作品に描かれている。

ぷろふぃーる

裕福な庄屋の長男として生まれる。幼少年時には植物・鉱物採集などに熱中する。盛岡中学校に入学するころから文学に強い関心を示し、石川啄木の影響で短歌や詩を書き始める。また、中学5年の時には法華経への入信も。19歳で盛岡高等農林学校に首席入学。その後農学校で教える一方、詩や童話の創作活動に励む。農学校を依願退職した後は農村振興活動に力を注ぐが、37歳の若さで急性肺炎のため死去。代表作に『銀河鉄道の夜』『風の又三郎』。作品の多くは賢治の死後に出版された。

イラスト by. 白钨

宮沢賢治といふ人物

禁欲主義だが春画を好む

父親の強い仏教信仰の中で育った賢治は、女性に対して非常に奥手であり生涯童貞だったと言われるほどの禁欲主義者であった。しかし、こういった生活を送る一方、春画を好み、集めた春画を積み上げると厚さは約30センチ。教員仲間とは春画鑑賞会を開いていたという。また、イギリスの性科学者エリスの『性学大全』を数十巻揃えており、性への関心は高かった。

愛した妹が遺した『銀河鉄道の夜』

18歳で法華経に入信した賢治は、浄土真宗を信仰する父親と事あるごとに対立したが、その賢治の理解者であったのが妹のトシだった。賢治はこの2歳違いの妹をこよなく愛した。しかしトシは女学校時代に結核を患う。賢治の看病もむなしく4年後、トシは病気のため死去。賢治は『永訣の朝』などの詩を詠みその死を悼む。これらの詩は、その後、銀河鉄道の夜などの童話のモチーフとなっている。

レコード会社も驚く〝レコードマニア〟

クラシック音楽にも造詣が深かった賢治は、当時の東北地方で二番目に多くのレコードを購入した人、ともいわれている。実際、賢治が通っていたレコード店は売れ行きがよく、レコード会社から感謝状を受け取っていた。また、賢治はチェロにも魅せられ、自ら演奏しようと試みる。『セロ弾きのゴーシュ』では、こういった自身の経験が反映されている。

神秘的な世界に強い関心を示す

幼いときから霊的な現象を体験することがあり、そういったものに強い関心を示していた。宗教的なもの、宇宙的なものに吸い寄せられていった賢治は、中学に入ると哲学書や宗教書を読みふけるように。『漢和対照 妙法蓮華経』を読んで感動を覚えた賢治は、法華経に入信する。こういった賢治の思想はいろいろな作品に反映され、独自の幻想的な世界観へとつながっている。

1896（明治29）	0歳	岩手県稗貫郡里川町で生まれる。
1909（明治42）	13歳	旧制盛岡中学校入学。
1915（大正4）	19歳	盛岡高等農林学校に首席入学。
1917（大正6）	21歳	級友たちと同人誌「アザリア」を刊行。
1918（大正7）	22歳	盛岡高等農林学校卒業。肋膜炎で入院
1920（大正9）	24歳	国柱会に入会し法華経へ傾倒。
1921（大正10）	25歳	上京し、日蓮宗の本部で布教活動。その後、稗貫農学校の教師。
1922（大正11）	26歳	妹トシ死去。
1924（大正13）	28歳	『春と修羅』『注文の多い料理店』を刊行。
1925（大正14）	29歳	高村光太郎を訪ねる。
1926（大正15）	30歳	29農学校を退職。青年たちを集めて羅須地人協会を設立。
1928（昭和3）	32歳	肋膜炎にかかる。
1931（昭和6）	35歳	再び病床の身に。『雨ニモマケズ』を執筆。
1933（昭和8）	37歳	急性肺炎のため死去。

『銀河鉄道の夜』—

父は漁に行ったままずっと戻らず、病に伏した母を支えるため、ジョバンニは学校帰りに活版所で働く毎日を送っていた。星祭りの夜、ジョバンニは出くわした同級生の集団にいじめられるが、その中に幼馴染みのカムパネルラが居たことで傷つき、祭りも見ずに、一人寂しく町外れの丘へと向かう。

そこで星を仰いでいるうちに眠ってしまった彼は、気がつくと銀河を走る列車に乗っており、向かい座席にはカムパネルラの姿を見つける。二人を乗せた列車は銀河を巡り、海岸での化石発掘の見物や、乗り合わせた鳥捕りとの会話、子供たちを連れた家庭教師との出会いへと続く。やがて列車がサザンクロスの駅に着くと、家庭教師の一行をはじめ皆が降りてしまう。再び二人きりになったところでジョバンニは、人々の本当の幸せを探すために銀河の旅を続ける決意をし、カムパネルラもそれに同意をする。しかしその後、母の姿を見つけたカムパネルラが列車から居なくなり、ジョバンニは大いに嘆き悲しみ、やがて夢から覚める。

気がつくとジョバンニはあの町外れの丘に戻って来ており、そこからの帰り道、カムパネルラが川に落ちた級友を助けるため水に飛び込んで行方不明になったことを聞かされる。カムパネルラの父親に会うと、もう息子のことは諦めていること、そしてジョバンニの父から手紙があったことが告げられる。父からの手紙には「もうすぐ漁から戻る」と記されていた。

『銀河鉄道の夜』新潮文庫刊

作品のポイント

銀河を走る列車は、日常からかけ離れた幻想的な世界へと出発する。乗り合わせていた幼馴染みのカムパネルラと一緒にみんなの本当の幸せを求め、不思議で楽しい時間を過ごす。しかしこれはすべて夢の世界での出来事だった。夢から覚めたジョバンニは厳しい現実に引き戻され、友だちを救うため犠牲になったカムパネルラの死に直面することになる。銀河鉄道に乗って体験したのは理想の世界。一方待ち受けていたのは厳しい現実。そのギャップの中で、人のために犠牲も厭わない本当の幸せは何かを投げかける。

覚悟を決めた人間の底力

読んでおきたい作品

『注文の多い料理店』

二人の紳士が、犬を連れ狩猟に入った山奥で一軒の西洋料理店を発見する。空腹だったので入ってみると、中の通路には沢山の扉があり、扉の一つ一つには靴を脱げ、クリームを塗れなどの但し書きが。それに従っていた彼らも、塩を体に揉みこめとの表示を見て料理されようとしていることに気付くが、すぐ先の化け猫の気配に足がすくんで動けない。次の瞬間、連れてきた犬が化け猫に飛び掛かり、料理店は煙のように消え去ったが、恐怖で歪んだ二人の顔は二度と元に戻らなかった。

『注文の多い料理店』新潮文庫刊

『セロ弾きのゴーシュ』

町の楽団でセロを弾くゴーシュだったが、あまりにも下手で、楽長から叱られる毎日を送っていた。それでも演奏会を控え、必死で練習する彼の家に、夜な夜な猫やカッコウ、狸などが日替わりで現れ、理由をつけては演奏をせがんで行った。こうした体験を経て臨んだ演奏会で、楽団は大成功を収める。拍手は鳴り止まず、アンコールに応じるよう楽長に指示されたゴーシュは、破れかぶれの一曲を猛々しく独奏。聴衆の反応も見ずに舞台から戻った彼を待っていたのは、楽長や団員からの称賛の声であった。

『セロ弾きのゴーシュ』角川文庫刊

文豪の名言・名文

雨ニモマケズ　風ニモマケズ
雪ニモ夏ノ暑サニモマケヌ
丈夫ナカラダヲモチ　慾ハナク　決シテ瞋ラズ
イツモシヅカニワラッテヰル

『雨ニモマケズ』より

賢治が自分の願望を綴った有名な詩。詩全体には法華経の精神が強く影響しているといわれている。

なんべんさびしくないと云ったとこで
またさびしくなるのはきまってゐる
けれどもここはこれでいいのだ
すべてさびしさと悲傷とを焚いて
ひとは透明な軌道をすすむ

『春と修羅』より

所詮さびしさから逃げられないけどそれでも進んでいこう。農場の風景を描いた「小岩井農場」での最後の一文。何かを吹っ切ったような虚無的な余韻が残る。

世界がぜんたい幸福にならないうちは
個人の幸福はあり得ない

『農民芸術概論綱要』より

本当の幸せとは、自分だけでなくみんなが幸せになること。賢治が羅須地人協会での講義用に執筆したテキストの中の一文。賢治の思想が強くにじみ出ている。

中《なか》島《じま》敦《あつし》

愛され上手な眼鏡教師

多趣味な社交家

硬派な作風とは裏腹に、社交的でハデ好き。病弱だったがビリヤード、ダンス、スイミング、麻雀など趣味も多く腕前も上々だった！

海外生活

父の転勤に伴い11歳でソウルへ。多感な6年間を海外で過ごした影響は作品にも反映されている。

生没年

1909年5月5日～
1942年12月4日

出身地

東京府東京市四谷区

関係の深い人

深田久弥
釘本久春

作風

不安を抱える現代人の自意識を深く捉えた格調高い文体が特徴。

ぷろふぃーる

祖父、叔父、父が漢学者というインテリ一家に生まれた。父親の都合で、幼少期は埼玉、奈良、静岡、朝鮮を転々としたが成績は常に優秀。17歳で喘息を発症し1年間の療養の後、20歳で東京帝国大学に入学すると耽美派の研究に勤しんだ。卒業後は、私立横浜高等女学校に国語と英語の教師として赴任。『南斗先生』を始め、本格的な執筆活動を開始する。漢学の影響を色濃く感じさせる中国古典をテーマとした作品が多く、代表作は『山月記』『李陵』など。作家デビューは亡くなる直前の33歳。多くの作品は死後に発表され、高い評価を得た。

イラスト by. 猫屋くりこ

中島敦といふ人物

幼い頃から漢学に親しむ生粋の優等生

1909年、東京市四谷区で、漢学者の家系に生まれた。祖父は漢学塾「幸魂教舎」の創始者、叔父は司祭に政府高官。父・田人は中学で漢学教師をしていた為、敦も幼少から漢学を学び成績は常にトップ。東京帝国大学を卒業後には高校教師となり、その傍らで小説の執筆に勤しんだ。その後、持病の喘息が悪化し、療養も兼ねパラオ南洋庁へ国語編集書記として赴任。学問漬けの一生を送った。

大学生になると愛の狩人へと変貌

2歳で母を亡くし、継母とも死別した敦は、複雑な家庭環境が原因で女性からの愛に飢えていた。東京帝国大学に入学した頃には、女性関係がハデになり、特に妻・タカへのプロポーズ秘話は衝撃的。タカは、敦が通っていた雀荘の新人店員で、出会った当初、別の女店員とベッドにいるところを目撃される。ところが、敦はタカの美貌に惹かれ猛アタック。1週後に交際が始まり学生結婚に至る。

優しい笑顔と美声でモテモテの高校教師

24歳で、横浜高等女学校の教師となった敦は、国語と英語を担当。優しく気さくな先生として人気があったが、女性の扱いが上手だったため年頃の教え子からもモテモテ。美声だったこともあり、国語の授業中、敦の読み上げる芥川龍之介や夏目漱石の小説の朗読に、うっとり聞き惚れる女子生徒が続出したという。やがて子供が生まれたばかりだというのに、女生徒の小宮山静と禁断の関係に….。

文壇から惜しまれた短命の貴公子

25歳で「中央公論」に応募した『虎狩』が選外佳作に選出され、『かめれおん日記』『悟浄歎異』など執筆活動を続けた敦だったが、文壇に名を連ねたのは死の直前。パラオ赴任にあたり、友人・深田久弥に『山月記』と『文字禍』を託し「文學界」に発表。その後『光と風と夢』が芥川賞候補になると作家として注目を浴びたが持病の喘息が悪化し急逝した。享年33歳。作品発表から5カ月後だった。

1909（明治42）	0歳	東京市四谷区にて、漢学者の家系に生まれる。
1912（大正元）	3歳	両親が離婚。埼玉県久喜市に移住し、祖父母に育てられる。
1915（大正4）	6歳	奈良県郡山町に移住。夫の再婚相手である継母に育てられる。
1920（大正9）	11歳	父親の転勤のため、朝鮮京城府の小学校に転入する。
1924（大正13）	15歳	妹・澄子を出産後に継母・カツが急死。
1926（大正15）	17歳	第一高等学校に入学。喘息を発症。
1927（昭和2）	18歳	助膜炎を発症し、1年間休学する。
1929（昭和4）	20歳	東京帝国大学国文科に入学。後に大学院に進み森鴎外の研究を行う。
1933（昭和8）	24歳	私立横浜高等女学校の国語と英語の教師として赴任。橋本タカと結婚。
1934（昭和9）	25歳	『虎狩』を「中央公論」の懸賞に応募。選外佳作に選出される。
1936（昭和11）	27歳	中国を旅行する。『狼疾記』『かめれおん日記』執筆。
1939（昭和14）	30歳	『悟浄歎異』を執筆。
1941（昭和16）	32歳	教職を辞職。パラオ南洋庁へ国語編集書記として赴任。
1942（昭和17）	33歳	帰国し南洋庁を退職。『山月記』発表。気管支喘息により死去。

読んだ気になる代表作ガイド

『山月記』

舞台は唐代の中国。隴西の李《り》徴《ちょう》は秀才だったが、自信家であったために官吏の職に満足できず、詩家として名をあげようと辞職してしまう。人との交際も絶ち詩作に耽ったが、いつまでも芽が出ず、日ごとに生活は苦しくなるばかり。ふっくらとした頬を持つ美少年の面影も消え、やせ細り眼光だけがいたずらにギラギラしていった。やむなく、妻子の為に官吏への復職を果たすが、かつての同僚たちは皆、出世していて李徴をあざ笑った。自尊心が傷つけられた李徴は、1年後のある晩、突如、顔色を変えて寝床から飛び起き、何かを叫びながら家を駆け出したかと思うと、そのまま行方知れずになってしまった。

その翌年、監察御史の袁傪《えんさん》が嶺南を通りかかると、草むらの中から人食い虎が躍り出てきた。あわやと思った時、虎はやぶの中に引き返し「あぶなかった」とつぶやいた。袁傪はその声に聞き覚えがあった。「その声は、我が友、李徴ではないか？」そう叫ぶと、しばらくして「いかにも…」とすすり泣く声が返ってきた。虎は懐かしい友に「どうしてこうなったのか分からないが自分の詩を後世に伝えて欲しい」と一片の詩を読み上げ、さらに「妻子には死んだと伝えて欲しい」と懇願した。虎は最後に「本当はこちらを先に伝えるべきなのに、詩のことばかり考え思いあがっていた心が、自分をあさましい虎の姿に変えたのだろう」と告げると、静かに藪の中に消え、2度と姿を現すことはなかった。

『李陵・山月記』新潮文庫刊

作品のポイント

『山月記』は中島敦が、33歳で若き命を落とす、わずか5カ月前の昭和17年5月に「文學界」で発表されたデビュー作。喘息の療養を兼ねてパラオに出発する前、友人で作家の深田久弥に託したもので、当時はもう一つの短編『文字禍』と共に『古譚』というタイトルがつけられ掲載された。小説のベースになっているのは唐の李景亮の作『人虎伝』。こちらは李徴が殺人の罪を犯したことが原因で人虎になるのに対し、山月記では自身の内面の問題が原因になっている。これは喘息に苦しみながらも作家になる夢を抱き続けた敦自身の願いが反映されていると推測できる。

人の業の神髄を捉えた名文

読んでおきたい作品

『李陵』

漢の李陵《りりょう》は、わずか五千の兵で敵国・匈奴《きょうど》に進軍し、勇敢な戦いを繰り広げる。しかし、力及ばず敗北し、捕虜にされてしまった。それを知った李陵の主・武王は激怒し、その臣下たちも李陵が匈奴に寝返ったと責めた。しかし、ただ一人、司馬遷だけは彼を擁護した。ところが、そのせいで司馬遷《しばせん》は罰せられてしまう。やがて、李陵が匈奴の軍中で生涯を終えることとなったと知り、司馬遷は絶望の淵に落とされてしまう。失意の中『史記』を記し、その作中に己の想いを託していく。

『李陵・山月記』新潮文庫刊

『弟子』

游侠に住む子路《しろ》は、賢者として評判の孔子を辱めようと思い立ち、左手におんどり、右手に牡豚を引提げて孔子の家を訪ねる。しかし、そんな武骨者の青年を、孔子は悠然と迎えた。その懐の大きさに感動した子路は弟子になることを決意する。優れた能力を持ちながらも、放浪を続ける孔子に、子路はもどかしさを覚えるものの従順に付き従い、信頼関係を深めていく。時は過ぎ、子路は衛に仕えていたが、政変の混乱に巻き込まれ戦死。その最後が勇敢であったと聞き、孔子は生涯敬い続けた。

『中島敦』筑摩書房刊

文豪の名言・名文

人生は何事もなさぬにはあまりにも長いが、何事かをなすにはあまりにも短い。

『山月記』より

『山月記』で主人公の李徴が告げた言葉。あさましい虎になってしまった自分を自嘲して言ったセリフで、世の中に認められていない芸術家や知識人が抱える内面的苦悩、葛藤を象徴している。

人間は誰でも猛獣使であり、その猛獣に当るのが、各人の性情だ

『山月記』より

自身の欲を律することができず「己の内なる臆病な自尊心を飼いふとらせた結果」虎に変わってしまったのではないかと猛省しながら、現代人に向けて、誰もがその危険性を抱えていると忠告を与えている。

古今無双の射の名人たる夫子が、弓を忘れ果てられたとや？ ああ、弓という名も、その使い途も！

『名人伝』より

弓の名手として有名な紀昌が、晩年、知人の家を訪ねた時、弓を見てもその名前も使い道も分からず、友人に「これは何か？」と尋ねた。友人は冗談かと思ったが、本心であると知り驚愕する。芸術を極めた者だけが知り得る人知を超えた世界観を表現している。

夢《ゆめ》野《の》久《きゅう》作《さく》

ジャンルにとらわれない世界観

超ヘビースモーカー

久作は1日にゴールデンバットを7～8箱も吸う超ヘビースモーカーだった。タバコが原因なのか、脳出血で倒れている。

記憶力がスゴイ！

幼い頃から記憶力が強く、2歳の時に見た実母の様子を「その女の人は若くて、襟足の美しい人だった」と語っている。

生没年

1889年1月4日～
1936年3月11日

出身地

福岡県福岡市

関係の深い人

江戸川乱歩

作風

ひとりの人物が話し言葉で展開する独白体形式と、書簡を羅列する書簡体形式の手法を使い怪奇色と幻想性を持つ。

ぷろふぃーる

本名は杉山直樹。政界、財界の実力者・杉山茂丸を父親に持つ。慶応義塾大学在学中に、陸軍少佐となる。大学中退後、農園経営をするが失敗。工場地帯や貧民街に身を寄せる放浪生活に入る。26歳で出家し、杉山泰道と改名して修行に励む。その後、新聞記者などをしながら執筆をし、『あやかしの鼓』が文芸誌「新青年」に掲載され、作家デビュー。『少女地獄』『押絵の奇蹟』など幻想的かつ怪奇的な作品を発表。日本探偵小説三大奇書のひとつとして有名な『ドグラ・マグラ』を刊行した翌年、脳溢血により死去。

イラスト by. 唯奈

夢野久作といふ人物

意外や意外!? 愛妻家で子供思い

久作は家族に愛を求めて、3人の子供を愛し、妻のクラがそんなにしなくてもと思うくらい尽くした。クラが肺結核になった時には、今住んでいる狭い部屋がよくないのかもしれないと、収入がないのにもかかわらず、身分不相応の家賃の高い住みやすい家に引っ越しをした。周囲が心配をする中、久作はどうにかなると言っていた。

うすぼんやりとした役立たずの男!?

久作がのちにデビュー作となる『あやかしの鼓』を書き終え、父親の茂丸に読ませたところ、「ふーん、こらどうかいな。夢の久作さんの書いたごとある小説じゃねえ」と感想を言われた。博多では、夢ばかり見ている変人や、うすぼんやりした役立たずの男を「夢の久作さん」と呼ぶ。父のこの一言で、わが意を得たりとばかり、久作は、即座にペンネームに取り入れたという。

飽きっぽい性格? 職を転々と自分探し

陸軍少佐、農園の経営、貧民街を放浪生活する日雇い労働者、お寺で出家、郵便局長、謡曲の先生、新聞記者、そして小説家と、次から次へと職を転々としていた久作。様々な経験を経て、最後の仕事である小説家として構想・執筆10年の代表作『ドグラ・マグラ』を書いた翌年に亡くなった。久作自身が言う通り、この小説を書くために生まれてきたとしか思えない人生であった。

夢か? 現実か? 恐ろしい体験

深川の貧民街で日雇い労働をしていた久作が、隅田川の土堤で昼弁当を食べていると、いつも向こう岸にいる男と顔なじみになる。ある日、その男がいきなり背後から襲われ、川の中に蹴り落とされて姿を消していった。この殺人事件は、いつまでたっても新聞に一行もでることはなく、久作は理由もなく殺され殺している世間があり、人間社会の恐ろしさを知る。久作の創作の源となる体験だ。

1889（明治22）	0歳	福岡県福岡市で生まれる。父は杉山茂丸。直樹と命名される。
1890（明治23）	1歳	両親が離婚。乳母と祖父、継祖母に預けられる。
1891（明治24）	2歳	祖父より四書の素読の手ほどきを受ける。茂丸が戸田幾茂と結婚。
1895（明治28）	6歳	小学校に入学。福岡県二日市町に引っ越す。
1899（明治32）	10歳	キプリング、江見水蔭、ヴェルヌなど冒険小説を愛読する。
1903（明治36）	14歳	中学校に入学。実母・高橋ホトリと再会。
1905（明治38）	16歳	エドガー・アラン・ポーの『黒猫』など探偵小説を愛好する。
1908（明治41）	19歳	上京し、神奈川県にある茂丸宅に住む。1年志願兵として入隊する。
1911（明治44）	22歳	慶應義塾大学に入学。築地の茂丸の事務所で暮らす。
1914（大正3）	25歳	杉山農園の経営をやめた後、放浪生活に入る。翌年、出家。
1918（大正7）	29歳	鎌田クラと結婚。『九州日報』に短歌を発表。
1919（大正8）	30歳	九州日報社に記者として入社。長男・龍丸が誕生。
1935（昭和10）	46歳	『ドグラ・マグラ』を発表。茂丸が死去。父の負債に追われる。
1936（昭和11）	47歳	『少女地獄』を発表。脳溢血で急死する。

『ドグラ・マグラ』

九州帝国大学精神病科の独房に閉じ込められた、記憶喪失中の若き精神病患者「私」の物語。

ブウーンーンンン……。

小さな部屋のベッドで目覚めた私。手足はどす黒く、垢だらけで汚くなっている。自分の顔をなで回すと、ボサボサの髪の毛に目は落ち窪み、あご髭がもじゃもじゃと伸びている。ここはどこなのか、自分が誰なのか、記憶を呼び起こそうとしたが何もわからなかった。

すると壁の向こう側から、奇妙な声が聞こえてきた。「お兄さま。お兄さまお兄さま。もう一度、今のお声を聞かしてー」若い女の声だった。

恐怖に怯えたまま朝がくると、私の目の前に若林教授と正木教授が現れる。そしてここが九州帝国大学精神病科の病室であることがわかる。若林教授によると、私は殺人事件を起こしたが、この殺人そのものが実験だったため、私が殺人の記憶を思い出すことが実験の成功を意味すると説明される。

そして、2人の教授による私の記憶を取り戻す実験がはじまった。実験が行なわれる中、私は「ドグラ・マグラ」という本を見つける。読むとそこには、胎内の胎児は数十億年の進化の悪夢のただなかにあると主張する論文「胎児の夢」や「脳髄論」などさまざまな奇妙な話が掲載されていた。私はこの本を読むうちに、徐々に自分の記憶がよみがえってくる。そして、事件の謎が次々と明かされる……。

『ドグラ・マグラ』角川文庫刊

作品のポイント

久作自ら「これを書くために生まれてきた」と言い、構想・執筆に10年余りをかけた代表作。主人公の青年がこの作品『ドグラ・マグラ』の作中で「ドグラ・マグラ」なる書物を見つけ、精神病者が書いたものとして読んでいく。この本の中の人物が本を読むという複雑な構成に、多くの読者が困惑を覚える。また「チャカラカ、チャカポコ、スカラカ」など不思議な擬音とリズムがさらに困惑を呼ぶ。その常軌を逸した作風から、世に名高い奇書として知られており、「本書を読破した者は、必ず一度は精神に異常をきたす」と評されている。

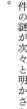

とにかく人が死ぬ！死ぬ！死ぬ！

読んでおきたい作品

『少女地獄』

耳鼻科医の臼杵利平は、白鷹秀麿宛てに手紙を書く。その手紙には、こう書かれていた。「姫草ユリ子が自殺したのです。あの名前の通りに可憐な、清浄無垢な姿をした彼女は、あなたと私の名前を呪いながら自殺したのです」。

姫草ユリ子は、すべての人間に好意を抱かせる天才的な看護婦だった。その秘密は虚言癖にあった……（『何でも無い』）。『何でも無い』『殺人リレー』『火星の女』の3つの書簡からなる書簡体形式の代表作。

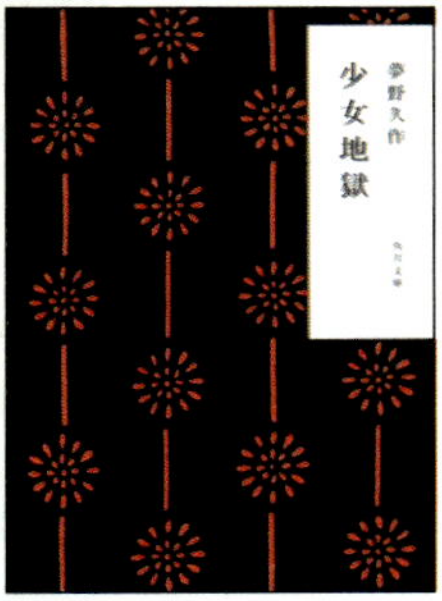

『少女地獄』角川文庫刊

『いなか、の、じけん』

心中を失敗した男女が、駐在所で事情聴取されている。小さな火鉢の横で男女が寄り添うようにうずくまり、女は濡れた着物の袖を乾かそうとしている。駐在所の外には、村の野次馬たちが増えていく中、巡査が男女の前の椅子にどっかりと腰をかけてこう言った。「つまりお前たち2人はスウィートポテトーであったのじゃな」。男は巡査を睨みながら口を開き始める（『スウィートポテトー』）。久作の故郷である九州各地の農村や漁村で実際に起こった出来事をモチーフにした短編集。

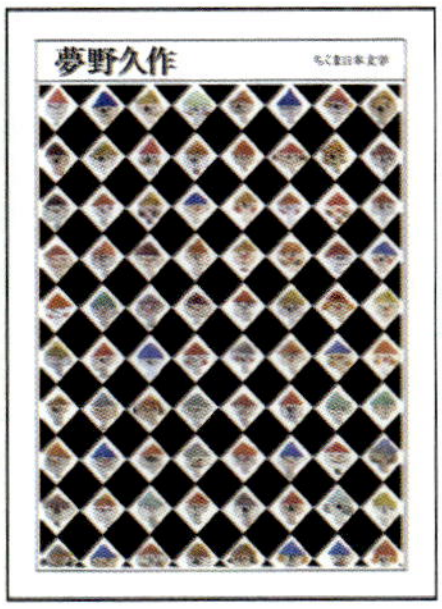

『夢野久作』筑摩書房刊

文豪の名言・名文

五十、七十、百まで生きても。アッという間の一生涯だよ。何が何やらわからぬまんまに会うて別れて生まれて死に行く。

『ドグラ・マグラ』より

脳溢血が原因で47歳という若さで亡くなった久作。複雑な生い立ちからはじまり、様々な職業を経て最後はペン1本の力で生きた男の説得力ある一文。

世の中で一番偉いのは、あのお百姓さんたちだぞ。よく覚えておけよ。

『夢野一族』より

苗代つくりをしている百姓一家を見ながら、久作が子供の龍丸に言った言葉。人類の文化をつくるのは、大臣や学者や軍人ではなく米を作る人と断言した。

私たちは、とかく歴史の表舞台のみを見て、その裏を、いや、その舞台を動かす、底の底に働く人々を知らないのが常です。

『故夢野先生を悼む』より

人間は物事の表面ばかりを見て、決して裏側を見ようとしていないということ。歴史の裏側には多くの人が働いていると、新聞記者出身の久作は言う。

昭和の文豪

中《なか》原《はら》中《ちゅう》也《や》

魂を揺さぶる孤独な詩人

トレードマークはこの2つ

中也といったら帽子。山高帽をわざと潰してかぶっていたというが、帽子の生地は高級だったという。黒いマントもトレードマーク。

文学に耽って落第

山口中学時代には短歌づくりや読書に熱中し、すっかり不良少年に。落第となり、山口を出て京都の立命館中学校に編入した。

生没年

1907年4月29日～1937年10月22日

出身地

山口県吉敷郡山口町（現・山口県山口市）

関係の深い人

小林秀雄
太宰治

作風

ダダイズムとランボオやボードレールなどフランス象徴主義の影響を受けた、叙情的な作風。悲哀や喪失感に満ちた詩が多い。

ぷろふぃーる

医院を営む家に生まれ小さい頃から成績優秀、地元では神童と話題になる。短歌を作り新聞に投稿するなど、文才も発揮していた。京都の立命館中学校に編入した頃よりダダイズムに傾倒、詩作に没頭する。上京後も小林秀雄ら多くの文人たちと関わりを持ち、創作を続ける。フランス詩の翻訳にも励み『ランボオ詩集』を刊行。ノイローゼ気味であったが長男文也を失い精神錯乱に陥る。自身も病気に倒れ、30歳の若さで逝去。同人誌を中心に多数の詩を発表するも、存命中に刊行した詩集は『山羊の歌』のみ。死後の翌年『在りし日の歌』が刊行された。

イラスト by. 時々

中原中也といふ人物

ダダイズムに傾倒

京都の立命館中学校に編入すると、人間の理性や既成の概念を否定する芸術思想〝ダダイズム〟に強い影響を受け、本格的に詩作に耽るようになる。中でも高橋新吉の詩集『ダダイスト新吉の詩』を愛読した。中也本人も「ダダさん」という愛称で呼ばれるほどの傾倒ぶりだった。一見意味を持たないような言葉や強い虚無感を表す表現が詩の中に見受けられるのもダダイズムの影響。

小林秀雄との「奇妙な三角関係」

中也は京都で出会った劇団員長谷川泰子と同棲する。東京に出る際も長谷川を連れ立ったが、東京で出会った小林秀雄と長谷川が接近。三角関係が始まる。小林はこれを「奇妙な三角関係」と呼んだ。長谷川は中也のもとを去ってしまったが、長谷川が別の男（舞台演出家として知られる山川幸世）との間に子をもうけたときに名付け親となるなど、中也と長谷川の関係は特別なものであり続けた。

唯一の詩集、装丁は高村光太郎

存命中に刊行された自作の詩集は『山羊の歌』だけ。１９３４年に文圃堂より出版された。中也27歳のときで、念願叶っての出版であった。実はその装丁は画家であり詩人でもあった高村光太郎が担当した。四六倍版という大サイズのうえに背表紙には金箔が押された豪華版。立派な仕様にこだわったのは、先に豪華版の詩集を出版していた友人富永太郎の影響も大きいといわれている。

酒癖が悪く太宰と喧嘩！

個性的で奇抜な言動も目立ち数多くの逸話を持つ中也は、とにかく酒癖が悪かった。酒の席での喧嘩も珍しいことではなく、檀一雄の『小説 太宰治』の中では、中也と太宰治の喧嘩の様子が細かく描かれている。この喧嘩もきっかけを作ったのは中也だったよう。繊細でナイーブなイメージが強いけれど、奔放で豪快なエピソードも少なくない。このような二面性もまた中也の魅力。

1907（明治40）	0歳	山口県吉敷郡山口町に生まれる。
1915（大正4）	8歳	弟の亜郎が病死、弟を想い詩を作り、これが詩作のはじまりとなる。
1920（大正9）	13歳	「婦人画報」「防長新聞」に投稿した短歌入選。山口中学に入学するも文学に耽り学問を怠るように。
1923（大正12）	16歳	京都の立命館中学第三学年に編入。女優長谷川泰子を知る。
1924（大正13）	17歳	長谷川泰子と同棲。
1925（大正14）	18歳	長谷川泰子が小林秀雄のもとに去る。
1929（昭和4）	22歳	河上徹太郎らと同人誌『白痴群』を創刊、「悲しき朝」、「サーカス」などの詩作を発表。
1930（昭和5）	23歳	『白痴群』に「汚つれちまつた悲しみに……」などを発表。
1931（昭和6）	24歳	東京外国語学校専修科仏語部に入学。
1932（昭和7）	25歳	『山羊の歌』の編集に着手。
1933（昭和8）	26歳	『ランボオ詩集』を刊行。遠縁の上野孝子と結婚、翌年長男文也が誕生。
1936（昭和11）	29歳	長男文也が病死。次男愛雅が誕生。
1937（昭和12）	30歳	結核性脳膜炎を発病し入院。10月22日永眠。翌年4月『在りし日の歌』刊行。

『山羊の歌』

「サーカス」
幾時代かがありまして
茶色い戦争ありました
幾時代かがありまして
冬は疾風《しっぷう》吹きました
幾時代かがありまして
今夜此処《ここ》での
一《ひ》と殷盛《さか》り
今夜此処での一と殷盛り
サーカス小屋は高い梁《はり》
そこに一つのブランコだ
見えるともないブランコだ
頭倒《あたまさか》さに手を垂れて
汚れ木綿《もめん》の屋蓋《やね》のもと
ゆあーん ゆよーん ゆやゆよん
それの近くの白い灯《ひ》が

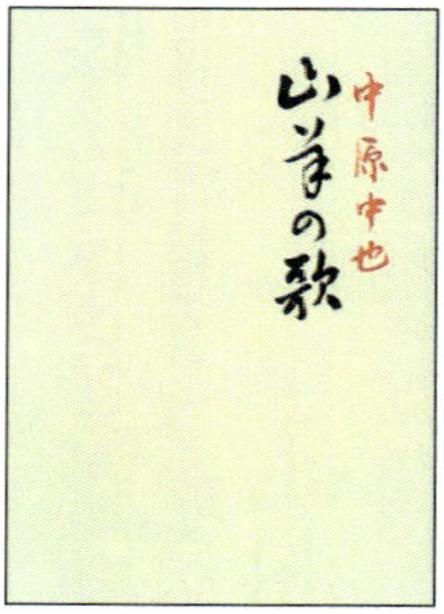

『山羊の歌』日本図書センター刊

安値《やす》いリボンと息を吐《は》き
観客様はみな鰯《いわし》
咽喉《のんど》が鳴ります牡蠣殻《かきがら》と
ゆあーん ゆよーん ゆやゆよん
屋外《やがい》は真ッ闇《くら》 闇の闇
夜は劫々と更けまする
落下傘奴《らっかがさめ》のノスタルジアと
ゆあーん ゆよーん ゆやゆよん

「汚れつちまつた悲しみに……」
汚れつちまつた悲しみに
今日も小雪の降りかかる
汚れつちまつた悲しみに
今日も風さへ吹きすぎる
汚れつちまつた悲しみは
たとへば狐の革裘《かはごろも》
汚れつちまつた悲しみは
小雪のかかつてちぢこまる
汚れつちまつた悲しみは
なにのぞむなくねがふなく
汚れつちまつた悲しみは
倦怠《けだい》のうちに死を夢む
汚れつちまつた悲しみに
いたいたしくも怖気《おじけ》づき
汚れつちまつた悲しみに
なすところもなく日は暮れる
……

作品のポイント

『山羊の歌』は10代から20代前半までの、詩作への葛藤、挫折が歌われている。オノマトペやリフレインを使ったもの、ダダイズムの影響を強く受けた詩作が見受けられ、読む者に鮮烈な印象を与える。優れた感覚と幅広いボキャブラリーで青春の日々を色鮮やかに描いている。代表作である「汚れつちまつた悲しみに……」はじめ孤独で内省的な詩が多い。『在りし日の歌』には長男文也を失った悲しみを歌った作品が見受けられる。その一方で「一つのメルヘン」のような幻想的な描写も見られる。晩年は神経衰弱に悩まされていた中也だが、穏やかな作品も多く、中也の成熟した詩世界が味わえる。

孤独と悲しさを描いた詩人

読んでおきたい作品

『在りし日の歌』

「一つのメルヘン」

秋の夜は、はるかの彼方《かなた》に、小石ばかりの、河原があつて、それに陽は、さらさらとさらさらと射してゐるのでありました。

陽といつても、まるで硅石《けいせき》か何かのやうで、非常な個体の粉末のやうで、さればこそ、さらさらとかすかな音を立ててもゐるのでした。

さて小石の上に、今しも一つの蝶がとまり、淡い、それでゐてくつきりとした影を落としてゐるのでした。

やがてその蝶がみえなくなると、いつのまにか、今迄流れてもゐなかつた川床に、水はさらさらと、さらさらと流れてゐるのでありました……

「湖上」

ポツカリ月が出ましたら、舟を浮べて出掛けませう。
波はヒタヒタ打つでせう、風も少しはあるでせう。

沖に出たらば暗いでせう、櫂《かい》から滴垂《したゝ》る水の音は昵懇《ちか》しいものに聞こえませう、――あなたの言葉の杜切《とぎ》れ間を。

月は聴き耳立てるでせう、すこしは降りても来るでせう、われら接唇《くちづけ》する時に月は頭上にあるでせう。

あなたはなほも、語るでせう、よしないことや拗言《すねごと》や、洩らさず私は聴くでせう、――けれど漕ぐ手はやめないで。

ポッカリ月が出ましたら、舟を浮べて出掛けませう、波はヒタヒタ打つでせう、風も少しはあるでせう。

『中原中也詩集』新潮文庫刊

文豪の名言・名文

何だおめえは。
青鯖が空に浮かんだような顔しやがって。
全体おめえは何の花が好きだい？

檀一雄『小説 太宰治』より

酒の席で、太宰治に食ってかかったときの言葉。生意気だけど機知に富んだキザな言い回しはなんとも中也らしい。昭和文士の喧嘩エピソードの中でも特に有名。

ゆうがた、空の下で、身一点に感じられれば、
万事に於いて文句はないのだ。

『山羊の歌』「いのちの声」より

処女詩集の締めくくりとなった一文。悲しみや虚無感を歌った詩で知られる中也だが、自分がここに存在するのだという生の喜びに触れる文章もまた鮮やか。

また来ん春と人は云ふ
しかし私は辛いのだ
春が来たって何になろ
あの子が返って来るぢゃない

『在りし日の歌』「また来ん春……」より

長男文也を失った辛さをストレートに書いた詩の冒頭。子を失った親の悲しみにあふれる『在りし日の歌』を代表する一編。中也の優しさと悲しみが滲み出ている。

江《え》戸《ど》川《がわ》乱《らん》歩《ぽ》

探偵小説家の先駆者

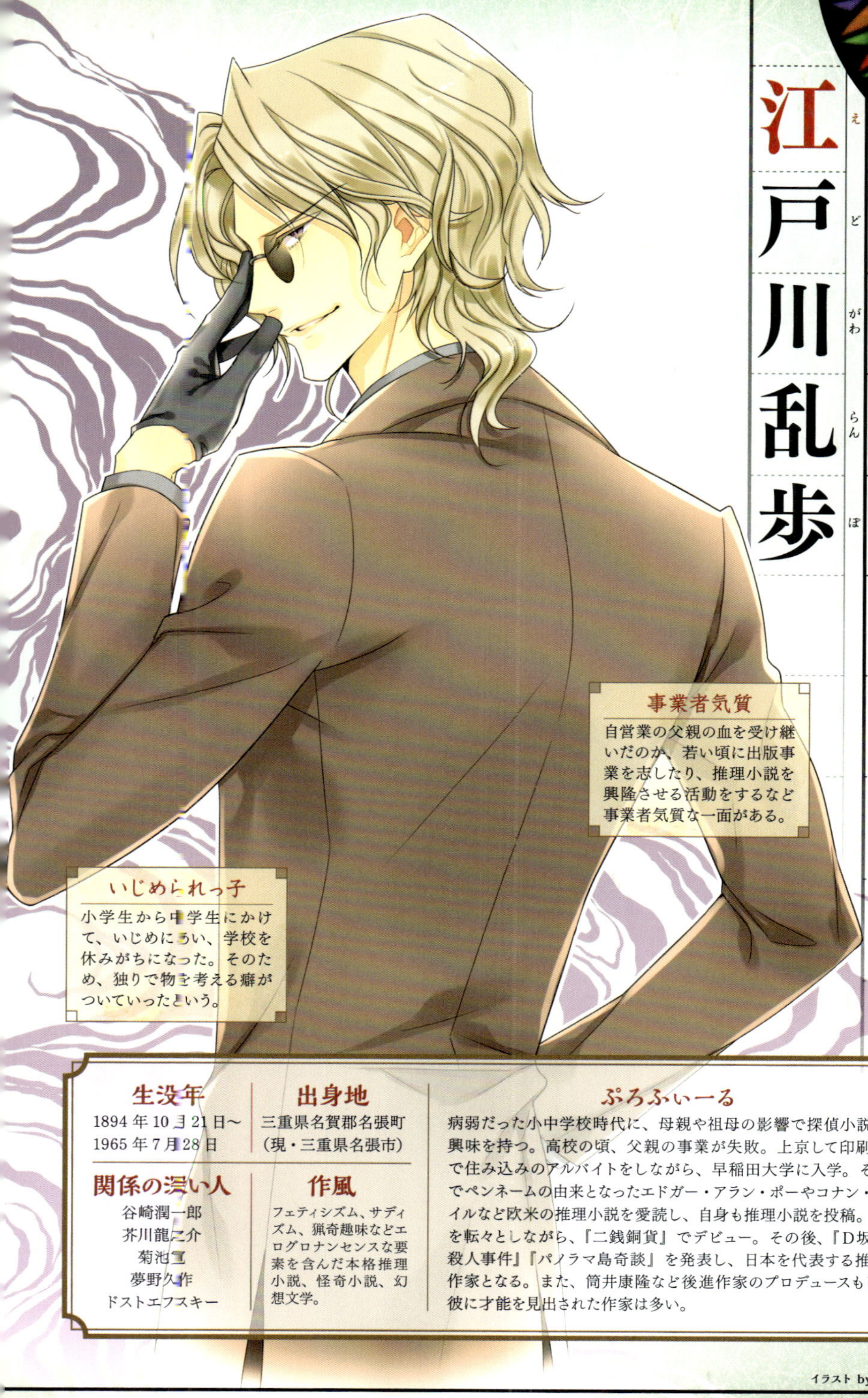

事業者気質

自営業の父親の血を受け継いだのか、若い頃に出版事業を志したり、推理小説を興隆させる活動をするなど事業者気質な一面がある。

いじめられっ子

小学生から中学生にかけて、いじめにあい、学校を休みがちになった。そのため、独りで物を考える癖がついていったという。

生没年

1894 年 10 月 21 日～
1965 年 7 月 28 日

出身地

三重県名賀郡名張町
（現・三重県名張市）

関係の深い人

谷崎潤一郎
芥川龍之介
菊池寛
夢野久作
ドストエフスキー

作風

フェティシズム、サディズム、猟奇趣味などエログロナンセンスな要素を含んだ本格推理小説、怪奇小説、幻想文学。

ぷろふぃーる

病弱だった小中学校時代に、母親や祖母の影響で探偵小説に興味を持つ。高校の頃、父親の事業が失敗。上京して印刷屋で住み込みのアルバイトをしながら、早稲田大学に入学。そこでペンネームの由来となったエドガー・アラン・ポーやコナン・ドイルなど欧米の推理小説を愛読し、自身も推理小説を投稿。職を転々としながら、『二銭銅貨』でデビュー。その後、『D坂の殺人事件』『パノラマ島奇談』を発表し、日本を代表する推理作家となる。また、筒井康隆など後進作家のプロデュースもし、彼に才能を見出された作家は多い。

イラスト by. 唯奈

江戸川乱歩といふ人物

非日常の世界やタブーの世界を描いた

少年愛、ロリコン、人形愛、覗き趣味、本格的なサディズム、マゾヒズム、フェティシズム、コスチュームプレイ、変装、完全犯罪、密室、同性愛など、タブーとされる嗜好を主題としており、独特の世界観で読者を異様で非日常の世界につれていくことを得意としていた。また、乱歩自身も同性愛に関心があり、若い歌舞伎役者に入れこんでいたがプラトニックな関係だったという。

職業や住む場所を転々とする

大学卒業後、渡米して推理作家になる夢を諦めて、大阪の貿易会社に就職。1年後には会社の寮を抜け出し、伊豆の温泉地を放浪。その後、造船所の機関誌の編集をしたり、古書店を開業したかと思えば、中華そばの屋台を引いたり、漫画編集長になるなど職業と住む場所を転々としていた。結局、新聞社の広告部にいる頃、小説デビューし、30歳で新聞社を退職。職業作家となる。

確立されていなかった「推理小説家」のパイオニア

学生時代に、エドガー・アラン・ポーやコナン・ドイルの推理小説を読み、夢中になる。日本で推理小説を雑誌に投稿するものの、当時、日本では推理小説というジャンルが確立されていなかったため落選する。そんな中、乱歩は海外の推理小説の翻訳も載せていた雑誌「新青年」に原稿を送った後、編集長に「驚嘆するほどの才能」と言われ推理小説家のパイオニアとなる。

二面性を持つ魅力的な人物

乱歩は、1人でいることを好む孤独の作家とされながら、町内会の副会長となったり、探偵作家クラブ（現・日本推理作家協会）を創設して初代会長となるなど、人望が厚い。後進作家の育成を望み、江戸川乱歩賞も制定。同賞は、西村京太郎などが受賞し、推理作家の登竜門となっている。独りが好きだが人望を持つ乱歩。さながら怪人二十面相のような二面性を持つ魅力的な人物だ。

1894（明治27）	0歳	三重県名賀郡名張町（現・名張市）に生まれる。本名は平井太郎。
1984（明治45）	18歳	父親の事業が失敗し、破産。働きながら早稲田大学に進学。
1917（大正6）	23歳	貿易会社に就職するが、会社の寮を抜け出し放浪の旅にでる。
1918（大正7）	24歳	谷崎潤一郎の作品を読んで感動。造船所の雑誌の編集をする。
1919（大正8）	25歳	妻・隆子と結婚。古本屋や屋台など職を転々とする。
1920（大正9）	26歳	古本屋を廃業し、市役所に勤める。『二銭銅貨』のあらすじを作る。
1921（大正10）	27歳	長男・隆太郎誕生。上京し、早稲田弦巻町に住む。

1923（大正12）	29歳	雑誌『新青年』に『二銭銅貨』が掲載され、作家デビュー。
1924（大正13）	30歳	『D坂の殺人事件』を発表。会社を辞めて、専業作家となる。
1925（大正14）	31歳	『人間椅子』『屋根裏の散歩者』など精力的に作品を発表する。
1929（昭和4）	35歳	『孤島の鬼』『押絵と旅する男』を発表。
1936（昭和11）	42歳	雑誌『少年倶楽部』にて、『怪人二十面相』の連載開始。
1947（昭和22）	53歳	探偵作家クラブを創設。初代会長となる。
1965（昭和40）	70歳	脳出血で死去。

『D坂の殺人事件』

学校卒業後に、仕事もなくぶらぶら過ごしていた「私」は、D坂途中にある喫茶店・白梅軒に入り浸っていた。そして、そこの行きつけの客の明智小五郎と偶然知り合いになる。

「私」も明智も25歳は越していない年齢。明智の下宿の部屋は、部屋中が本で埋め尽くされていた。明智は探偵小説好きな男だった。

ある日、白梅軒の向かいの古本屋で、首をしめて殺されている美人妻が発見される。第一発見者は明智である。「私」と明智は、犯人探しをするが、なかなか犯人らしき目撃情報をつかむことはできなかった。

そのうち、「私」は美人妻と明智が幼なじみであることを知り、明智の犯行だと推理するが、明智はやすやすとその推理を否定してみせる。

一方、銭湯に出入りする女たちの間では、美人妻の裸には生々しい傷痕があることが噂されており、古本屋の足袋屋を挟んで隣りにある蕎麦屋の妻の体にも同じような傷があると噂されていた。この偶然の一致とは何なのか？

そして、この不可思議な事件は、「人間の記憶のあいまいさと人間の心理から生まれたもの」と、明智は言い、犯人の謎を解き明かしていく。

日本を代表する名探偵・明智小五郎が誕生した今作品。美人妻が殺された古本屋は、乱歩が弟2人と本郷で経営していた「三人書房」がモデルとなっている。

『江戸川乱歩傑作選』新潮文庫刊

作品のポイント

本作品は、密室犯罪小説である。当時、日本ではまだ推理小説がスタンダードでなかったため、欧米で定番の推理小説は欧米の家のつくりだからこそ成立するトリックであると思われており、部屋の間取りが比較的広い日本家屋では、密室での完全犯罪は困難だという説があった。しかし乱歩は、その説を覆すために限界まで挑戦した意欲的作品。名探偵・明智小五郎が初登場した本格ミステリーの金字塔。とにかく明智のキャラクターが秀逸で目が離せない。日本の大衆に探偵という存在を知らしめた作品でもある。

夢か？現実か？謎が謎を呼ぶ

読んでおきたい作品

『押絵と旅する男』

東京から富山県魚津へ蜃気楼見物に出掛けた帰りの汽車には、「私」とある男しかいなかった。男の手には、中身がふくらんだ風呂敷の包みがあった。

男が「私」の目を気にしながら、風呂敷を開けると、そこには絵の具で書かれた老人と、振り袖姿の美少女の押絵が出てきた。そして、男は語り始めた。「この老人は自分の兄で、美少女は兄がかつて恋した相手である」と……。押絵の中で夢と現実が交差する。乱歩がもつ独特の世界観を堪能できる作品。

『江戸川乱歩短篇集』岩波文庫刊

『孤島の鬼』

「まだ三十歳にもならぬのに、ある恐ろしい体験をしたため、一夜にして白髪となった」という冒頭で始まる今作品。

主人公の蓑浦は、同僚の初代と恋に落ち、結婚を決意するが、初代は幼い頃に実親に捨てられ、義父母に育てられていた。初代が捨てられた時に持たされていた系図は肝心な所が破れており、身元は不明だった。ある日、初代に求婚する男が現れた。蓑浦の友人で、同性愛者の諸戸だった。そんな中、初代が密室で殺される。蓑浦は諸戸が犯人だと疑うが……。

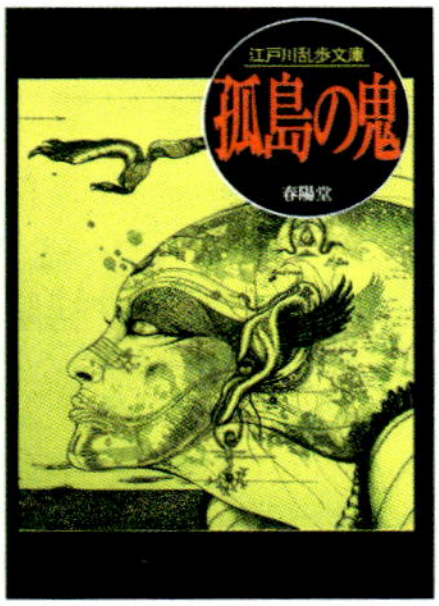

『孤島の鬼』春陽堂書店刊

文豪の名言・名文

一番いい探偵法は、心理的に人の心の奥底を見抜くことです。だが、これは探偵者自身の能力の問題ですがね。兎に角、僕は今度はそういう方面に重きを置いてやって見ましたよ。

『D坂の殺人事件』より

探偵・明智小五郎が言った台詞。「物質的な証拠なんてものは、解釈の仕方でどうにでもなる」と言い、人の心の奥底を見抜くことが重要であると言った。

うつし世は夢、夜の夢こそまこと。

『パノラマ島奇談』より

今見ている現実は夢で、夜見る夢こそが真実であるという意味。幻想を愛する江戸川乱歩の美意識を、見事に表現しきった一言と言えるだろう。

結局、妥協したのである。もともと生きるとは妥協することである。

『探偵小説四十年』より

探偵小説作家としての自伝作品の中に登場する言葉。放浪癖があり、自由に生きているように見られるが、その裏にはこのような考えがあったことが窺える。

坂《さか》口《ぐち》安《あん》吾《ご》

「堕落」で生き方を示した

スポーツ万能で多趣味

中学時代は走り高跳びで全国優勝。水泳、柔道、ゴルフなど多くのスポーツ経験をもち、観戦記も執筆。また将棋や囲碁にも精通。

酒と豪華な闇鍋好き

ウイスキーで薬を服用したり、飲み過ぎて吐血したり、高級食材と酒を手当たり次第入れた「安吾鍋」を周囲に振舞うこともあった。

生没年

1906年10月20日～
1955年2月17日

出身地

新潟県新潟市

関係の深い人

長島萃
三好達治
太宰治
織田作之助
檀一雄

作風

無頼派・新戯作派。人間の実相にある孤独を見つめ、狂気じみた爆発的性格と、がらんどうのような風格をもつと評された。

ぷろふぃーる

本名は炳五《へいご》。幼少時はガキ大将で悪戯を尽くすが、東京の私立豊山中学校に編入後は文学や宗教に興味を持ち始める。19歳で務めた小学校の代用教員を翌年には辞し、東洋大学印度哲学倫理学科に入学。アテネ・フランセへも通い、同校の長島萃らと創刊した同人誌「言葉」で処女作『木枯らしの酒倉から』を発表。初期はファルス的作品を執筆し、新進作家として注目される。加えて以後は評論、歴史・推理・自伝小説など多様なジャンルの作品を発表し、戦後の『堕落論』で時代の寵児となる。脳出血に倒れ、48歳で死去。

イラスト by. 佐々子

坂口安吾といふ人物

偉大な落伍者を目指して

ガキ大将で、喧嘩をしたり忍術を研究することもあった炳五。叔父は「炳五はとてつもなく偉くなるか、とんでもない人間になるか、どちらかだ」と言っていた。地元の中学を留年し、教師に「お前なんか炳五という名は勿体ない。自己に暗い奴だからアンゴ(＝暗吾)と名のれ」と言われ、これがのちの「安吾」の由来になったとされる。自身は中学生当時、「余は偉大な落伍者となる」と豪語していた。

アテネ・フランセで猛勉強

20歳で求道への憧れが強まり東洋大学へ。睡眠時間を削って哲学書を読み漁り、1927年の芥川龍之介の自殺へのショックも加わって神経衰弱に陥る。梵語、パーリ語、ラテン語、ギリシャ語などを一度に学び、アテネ・フランセにも通って成績優秀賞をもらうほどフランス語に習熟。常に学習に熱中することで錯乱状態を克服しようとした。また伊藤昇ら作曲家との交流で音楽にも造詣を深めた。

美人作家との5年越しの恋は実らず

1932年に女流作家・矢田津世子と交際を始める。一時、酒場のマダム・お安さんと同棲していて津世子とは離別。お安さんと別れた1936年に津世子と再会するも、絶縁を言い渡される。津世子とは交際5年目に一度接吻しただけといい、安吾は自伝小説『二十七歳』『三十歳』の中でかなりの恋心を寄せていたことを告白。1944年に津世子の病死を聞いた時はしばらく打ちのめされた。

ヒロポン、アドルム中毒と珍事件

同じ無頼派の太宰治、織田作之助らとも親交が深かったが、太宰が自殺した頃から鬱病的になり、服用中のヒロポンとアドルムの摂取量が増えて一時入院。騒動を起こすことも増え、国税庁との闘争、競輪不正告訴事件や、檀一雄宅に居候中、妻の三千代にライスカレーを百人前頼ませた珍事件もあった。1953年は旅行先で暴れて留置場に入り、釈放された朝に長男の誕生を知った。

1906(明治39)	0歳	新潟県新潟市で13人兄妹の12番目に生まれる。
1922(大正11)	16歳	東京の私立豊山中学校(現・日本大学豊山高等学校)へ編入。
1925(大正14)	19歳	荏原尋常高等小学校の分教場(現・代沢小学校)の代用教員を務める。
1926(大正15)	20歳	教師を辞め、東洋大学印度哲学倫理学科に入学。
1928(昭和3)	22歳	語学学校アテネ・フランセへ通い始める。
1930(昭和5)	24歳	級友たちと同人誌「言葉」創刊。
1931(昭和6)	25歳	処女小説『木枯らしの酒倉から』を発表。

1932(昭和7)	26歳	女流作家・矢田津世子との交際が始まる
1944(昭和19)	38歳	黒田官兵衛主人公の歴史小説『黒田如水』を発表。
1946(昭和21)	40歳	評論『堕落論』、小説『白痴』を発表。
1947(昭和22)	41歳	小説『桜の森の満開の下』を発表。秘書的存在の梶三千代と結婚生活を開始。
1949(昭和24)	43歳	薬物中毒により入院。退院後も多忙な執筆活動で病気再発、温泉治療を行なう。
1953(昭和28)	47歳	長男が誕生。
1955(昭和30)	48歳	脳出血により死去。

『堕落論』

終戦後、半年のうちに世相は変わった。特攻隊の勇士だった若者は闇屋と化し、健気な心情で男を見送った女たちは、やがて新たな男へと想いを移す。人間が変わったのではない。人間は元来そういうものであり、変わったのは世相の上皮だけのことだ。

人には、美しいものを美しいままで終わらせたいという心情がある。著者自身も、数年前に二十一歳で姪が自殺したとき、美しいうちに死んでくれて良かったような気がした。戦時中は文士が未亡人の恋愛を書くことを禁じられたが、これは女心の変わりやすさを知る軍人政治家らの魂胆によるものだ。

また、元来憎悪心の少ない日本人は、「生きて捕虜の恥を受けるべからず」という規定がないと戦闘に駆り立てられない。武人の案出した武士道という無骨千万な法則は、人間の弱点に対する防壁を意味する。天皇制も極めて日本の独創的な政治的作品である。権謀術数を事とする日本国民には、大義名分のためにも天皇が必要であった。

焼夷弾におののけど、泥棒すらいなかった戦争中の日本は嘘のような理想郷で、虚しい美しさがあるのみだった。終戦後に我々はあらゆる自由を許され堕落したが、人間本来の姿へ戻ってきたまでだ。戦争に負けたからではなく、人間だから、生きているから堕ちるだけだ。人間は永遠に堕ちぬくには弱過ぎるが、それでも正しく堕ちる道を堕ちきり、自身を発見し、救わなければならない。

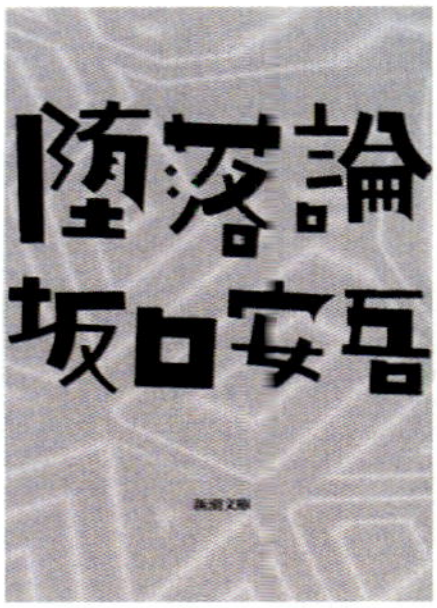

『堕落論』新潮文庫刊

作品のポイント

雑誌「新潮」に掲載され、第二次世界大戦後の混乱社会にある人々に大きな影響を与えた随筆・評論。武士道や天皇制を強いる政治的理由は愚かであり、それらは人間の弱い部分を抑える手段であると洞察を述べる。落ちぶれない処女性や戦時中の無心さに美しさはあっても、そこに人間らしい姿はない。義士も聖女も堕落するが、敗戦によるものではなく、人間だから堕ちるのであると述べ、それまでの倫理や道徳を否定する次元ではなく、人間本然の姿を見つめるよう示唆した作品。同年、雑誌「文學季刊」に堕落の意義をより直接的に著した『続堕落論』が掲載された。

幻惑的な美と絶対的孤独

読んでおきたい作品

『白痴』

裏町の仕立屋を間借りする映画演出家の伊沢は、ある夜、隣家の気違いの妻で白痴の女が、自室の押入れに隠れているのを発見する。居ついた女と同居生活を送るが、やがて町に空襲が訪れる。伊沢はともに逃げると初めて意思表示した女に感動し、二人で戦火を逃れる。しかし辿り着いた麦畑で眠る女が豚のように見え、置いて立ち去ろうかとも思う。でもそうしたところで何の希望もない、と、女と一緒に歩き出す朝を待っていた。運命的な戦争後に堕ちゆく平凡があるという、『堕落論』に呼応した作品。

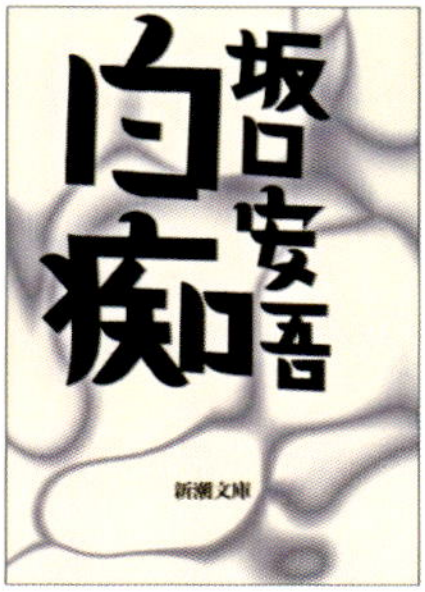

『白痴』岩波文庫刊

『桜の森の満開の下』

昔、鈴鹿峠に一人の山賊が住んでいた。人を斬っては着物と連れの女房を奪っていたが、通ると気が変になるという桜の森のことは恐れていた。ある日手に入れた美人な女房は、男に6人の女房を殺させ、都で男に狩らせた生首を集める首遊びに興じた。男は女と山へ帰ることにし、来た時のように桜の森の下を通ると、女は醜い鬼に姿を変えた。男がその首を絞めると、鬼はもとの女の姿で死に、悲しむ男の姿とともに花びらが降る中消えていった。残酷で幻想的な説話に、人間の孤独と虚無感が描かれている。

『桜の森の満開の下・白痴』岩波文庫刊

文豪の名言・名文

人生はつくるものだ、必然の姿などというものはない。

『教祖の文学』より

型や先例を気にせず、自分だけの道を切り拓くべきだと述べている。破天荒な性格で周囲からその身を案じられつつ、我が道を貫いてきた安吾らしい言葉。

孤独は、人のふるさとだ。恋愛は、人生の花であります。いかに退屈であろうとも、この外に花はない。

『恋愛論』より

恋愛の愚劣さを何度経験しても、恋なしに人生は成り立たない。人生は苦しみや切なさで満たされる時もある、と、孤独と恋愛に依る人間の本質を語っている。

すぐれた魂ほど、大きく悩む。

『太宰治情死考』より

太宰の死を考察するエッセイで、力士や碁家を例に挙げ、天才には悲痛な苦悶があると述べる。太宰の死は情死ではなく「芸道人の身もだえの一様相」と表現。

堀《ほり》辰《たつ》雄《お》

多くの文豪に愛された

とても病弱

１０代の頃から肺が弱く、学校を休学したり、静養することが多かった。執筆と療養を繰り返し、４８歳で結核で死去。

軽井沢が大好き

１９歳の時、室生犀星をたよって初めて行ってから、毎年のように訪れていた軽井沢。静養したり、結婚後の新居も軽井沢だった。

生没年

1904年12月28日～
1953年5月28日

出身地

東京府東京市麹町区
（現・東京都千代田区）

関係の深い人

室生犀星
芥川龍之介
川端康成

作風

フランス文学の心理主義から影響をうけつつ、日本の古典とも融合させた、オリジナルで独創的な文学スタイル。

ぷろふぃーる

本妻がいる父親と母親の間に、いわゆる妾の子として生まれるが、4歳の時に母親が再婚。彫金師の養父を実父と思って育つ。高校生の頃、数学者を夢見るが、友人の神西清の影響で文学への道に転向。室生犀星や芥川龍之介と出会い、影響をうける。東京帝大卒業後、芥川の自殺に衝撃をうけ、その経験から『聖家族』を発表。肺が弱く、病弱だったため、療養を繰り返しながら執筆を続け、婚約者の死をもとに書いた代表作『風立ちぬ』を上梓。今作品が原作となり、2013年にスタジオジブリで映画化され、大きな話題となった。

イラスト by. 唯奈

堀辰雄といふ人物

師である芥川龍之介との強い絆

親交のあった室生犀星の紹介で、大作家の芥川龍之介と知り合う。芥川は養子、堀は妾の子と複雑な家庭環境が同じで、育った場所も東京の本所区と同じ。ともに一人っ子。三中、一高、東京帝大の同窓生と共通点が多く、堀は芥川を「僕の最もいい先生」と大きく傾倒していたところに、芥川が自殺。大きな衝撃を受けるが、その死をモチーフとした『聖家族』を上梓し、弟子の矜持を見せる。

知人の死を乗り越えて作品をつくる

師である芥川龍之介の死をモチーフに、『聖家族』という作品を書いたように、婚約者だった矢野綾子が結核で死去した後に、綾子への鎮魂として名作『風立ちぬ』を書き、発表する。どちらも身近な人の死が創作の源となっている。堀自身も病弱で、療養を繰り返し、いつも死と隣り合わせの人生だったことから、生と死を深く考える作品を生み出したのだろう。

病弱だけど意外とアクティブ

病弱のため、たびたび療養と執筆を繰り返していた堀。その療養場所は主に軽井沢。毎年のように軽井沢に滞在していたが、信州の療養所に入院したり、信濃追分の旅館に泊まったり、軽井沢の川端康成の別荘に行ったり、逗子や鎌倉の友人宅に転居したり、京都や奈良に旅行したり、病弱だが色々な場所を転々としながら療養しており、意外とアクティブな一面を見せていた。

ヨーロッパ文学の影響を強く受ける

フランスの詩人・ラディゲやジャン・コクトーや、フランスの小説家・プルーストやヴァレリーなど、特にヨーロッパの詩人や小説家の影響を多く受けていた。『風立ちぬ』の中でも、ヴァレリーの詩が引用されている。当時のヨーロッパの先端的な文学に触れたことが、堀のオリジナルで独創的なスタイルに、深く影響したと見受けられる。

1904（明治37）	0歳	東京市麹町区に生まれる。妾の子だが嫡男とされる。
1908（昭和41）	4歳	母親が再婚。養父を実父と思って過ごす。
1921（大正10）	17歳	第一高等学校に入学。数学者を夢見たが文学に転向。
1923（大正12）	19歳	室生犀星や芥川龍之介と出会う。関東大震災で母を失う。
1925（大正14）	21歳	東京帝国大学文学部に入学。室生犀星宅で中野重治を知る。
1926（大正15）	22歳	中野重治、窪川鶴次郎らと『驢馬』を創刊。詩やエッセーを発表。
1927（昭和2）	23歳	芥川龍之介の自殺に衝撃をうける。『芥川龍之介全集』の編集に従事。
1929（昭和4）	25歳	東京帝国大学を卒業。翌年、『聖家族』を発表。
1935（昭和10）	31歳	婚約者・矢野綾子とともに結核のため療養所に入院。綾子は死去。
1936（昭和11）	32歳	婚約者の死を受けて書いた『風立ちぬ』を発表。
1938（昭和13）	34歳	室生犀星夫妻の媒酌で加藤多恵子と結婚。養父が死去。
1941（昭和16）	37歳	『菜穂子』を発表。妻と軽井沢の別荘などを巡る。
1947（昭和22）	43歳	一時重態となる。以後、病床生活が続く。
1953（昭和28）	48歳	持病の結核が悪化し、死去。告別式の葬儀委員長は川端康成。

読んだ気になる代表作ガイド

『風立ちぬ』

「私」は、高原の避暑地で、美しい少女がキャンバスに絵を描いているのを見かける。それが節子だった。「私」は可憐な節子を見ながら、ふと、「風立ちぬ　いざ生きめやも（風が吹いた。私たちは生きなければならない）」という詩を呟く。

ほどなく2人は恋に落ちたが、節子の父親が許すわけがない。「私」は生活のめどがたったら迎えにくるからと節子に伝える。

2年後の春。「私」と節子は婚約をしていたが、節子は結核の病状が重いため、八ヶ岳にある別の療養所に移ることになり、「私」も付き添った。裏が雑木林となっているサナトリウム内の真っ白な病室。そこから、2人の奇妙な療養生活が始まる。

しかし、病魔は節子を急激に襲う。そんな中、節子は「私、なんだか急に生きたくなったのね。あなたのおかげで……」と「私」に言う。節子と出会って2年が過ぎた中で初めて聞いた言葉だった。

夏、秋とあっという間に季節が過ぎ、その間に周りの患者が亡くなっていった。「私」は、節子に彼女のことやこの日々のことを小説に書こうと思っていると告げると、節子は同意してくれたが、冬がくる頃、節子は亡くなってしまう。

節子と出会った軽井沢に3年ぶりに来た「私」は、節子との日々を思い出す。そして「私」が今生きていられるのも、節子の愛に支えられ、助けられているのだと気づくのだった。

『風立ちぬ／菜穂子』小学館文庫刊

作品のポイント

作中の「風立ちぬ　いざ生きめやも」という有名な詩は、フランスの詩人、ポール・ヴァレリーの詩「海辺の墓地」の一節を堀が訳したものである。諸説あるが、「風がおきた。生きることを試みねばならない。いやしかし生きないかもしれない……」と、生への強い意思を感じる一方で、生への諦めも交ざっているようにもとることができる。そこには、死と生の間におかれた複雑な心境が見受けられる。主人公の「私」は、節子の生と死を見つめながら、生きることと死ぬことの両義性をテーマとして、2人の愛を作品に昇華していったのだ。

読んでおきたい作品

『菜穂子』

主人公である菜穂子の母が、娘にあてて綴った遺書がわりの手記である『楡の家』。そして、菜穂子が結婚後に高原の療養所に入院している時に、幼なじみの都築明と再会し、自分の人生を考え直す『菜穂子』の二篇が収録されている。

菜穂子の母には、歌人の片山広子を、母の恋人には芥川龍之介をイメージして書かれている。また幼なじみの都築明には、堀自身に加え、堀の愛弟子であった詩人の立原道造をモデルとしていることから、登場人物をイメージして読んでも楽しめる。

『風立ちぬ／菜穂子』小学館文庫刊

『菜穂子』岩波文庫刊

『聖家族』

河野扁理は、不自然な死をとげた九鬼の告別式に向かう途中で、細木夫人に会う。扁理は、九鬼の遺品を整理しながら、九鬼と細木夫人は思いを寄せ合っていたことに気づく。細木夫人には、絹子という娘がいた。扁理は、絹子に心惹かれるが、傷つけられることを恐れ、好きでもない踊り子と付き合ったり、旅に出たりする。扁理は死んだ九鬼が自分の中に生きていて未だ自分を支配していることを感じていた。一方、絹子も扁理のことを好きだと感じていた。細木夫人はそんな娘を見て……。

文豪の名言・名文

死があたかも一つの季節を開いたかのやうだった。

『聖家族』より

芥川龍之介の自殺に衝撃を受けて、『聖家族』を書いたが、芥川の死が堀の作品世界の開示であるとともに、大正文学から昭和文学への誕生を物語る一文。

自分の先生の仕事を模倣しないで、その仕事の終わったところから出発するもののみが、真の弟子であるだろう。

『詩人も計算する』より

亡き芥川龍之介を師としていた堀は、芥川の仕事の真似をしないで、その先に挑戦していく者こそが真の弟子だと言う。死から新しい教訓を見出している。

プルウストが人生からかくも驚くべき綿密さをもって印象を受け取ったのは、彼が決して人生と争おうとはしなかったからだ。彼がこれだけ多くのものを得たのは、彼が最初何物をも欲しなかったからだ。

『プルウスト雑記』より

堀は多くのプルウスト評論を出版しているが、中でもプルーストの生の原理に注目し、自分の内部に眠っていたものを呼び覚ましてくれたと言っている。

織《お》田《だ》作《さく》之《の》助《すけ》

浪花の無頼派作家

B級グルメ好き

大阪の下町育ちの織田は高級な料理は口に合わず、今でいうB級グルメ好き。難波にある自由軒の名物カレーを愛していた。

ヒロポンを常用

「ヒロポン」と呼ばれる覚せい剤がまだ合法だった頃、体力増加と眠気覚ましのために常用し、酒席でも打つことがあったという。

生没年

1913年10月26日～
1947年1月10日

出身地

大阪府大阪市南区
（現・天王寺区）

関係の深い人

太宰治
坂口安吾

作風

文壇の権威を否定し、既成文学を批判する。破壊的で反逆的な作品を執筆する無頼派と呼ばれた。

ぷろふぃーる

織田作之助、通称オダサクと呼ばれる。もともとは劇作家を目指していたが、フランスの作家・スタンダールの『赤と黒』を読んで、主人公のソレルに共感したことから小説家を目指す。２６歳の時、新聞社に勤めながら発表した『俗臭』で芥川賞候補となり、翌年『夫婦善哉』を発表して、作家としての地位を確立。主に大衆から人気を集める。その後も『競馬』『世相』など、短編小説を得意として執筆活動を続けるが、肺結核が原因で３３歳で死去。短い作家生活だったが、人々の心に大きな存在感を残した作家である。

イラスト by.まつゆき杏

織田作之助といふ人物

太宰治、坂口安吾で「無頼派三羽ガラス」

権威主義に反抗的な姿勢をとり、破壊的な作品を執筆する無頼派。なかでも、太宰治、坂口安吾とともに織田は「無頼派三羽ガラス」と呼ばれ、大衆から人気があった。当時合法だったヒロポンの摂取や、毎晩のようにお酒を飲み歩くなど破天荒なイメージがついてまわるが、もともと劇作家志望だった織田。自分を演出し、自身のキャラクターをつくりあげていったのだ。

破天荒な男は超がつくほどの愛妻家！

21歳の時、仲間と通った酒場「ハイデルベルヒ」で女給をしていた宮田一枝に一目惚れをする。一枝は親の借金を返すために半監禁状態で働いていた。織田は一枝を助けるために、仲間とともに店の2階に梯子をかけて一枝を救出する。2人はのちに結婚。しかし5年後に一枝は病気で他界。その後、織田は他の女性と恋愛をするが、最愛の人は一枝だったようで常に遺髪を身につけていた。

映画、演劇、競馬に俳句とても多趣味です

趣味は演劇、映画、音楽、競馬に俳句、そして食べ歩き。この多趣味さが、百編以上の小説のほか、シナリオや評論を書きまくり、映画や演劇、ラジオ番組などでも多才に活躍する要因であった。織田作品の多くに登場する音楽では、セザール・フランク作曲「ピアノ五重奏」やサラサーテ「ツィゴイネルワイゼン」がお気に入りの曲だった。

大阪の生活を描き大阪を愛した

大阪を舞台にした小説が多く、大阪をこよなく愛し、大阪の人情味あふれる庶民の生活を描き続けた。千日前、生国魂神社、心斎橋筋、戎橋、道頓堀……織田作品に登場する地名は、単なる大阪の土地名ではなく、なにか人間臭さを色濃く感じる。そして織田はこう言い切っている。「私の文学修行は大阪勉強ということに外ならない。大阪は私の生まれ故郷であり、そして私の師である」と。

1913（大正2）	0歳	仕出し屋を営む父と母のもと、大阪市南区で生まれる。
1918（大正7）	5歳	父が商売に失敗し長屋に引っ越す。姉の千代が芸者の下地っ子に出る。
1926（大正15）	13歳	大阪府立高津中学校に入学。雑誌の少年投書家となる。
1931（昭和6）	18歳	第三高等学校（のちの京都大学）に入学。文学仲間と出会う。
1934（昭和9）	21歳	病気のために卒業試験を落第。酒場で宮田一枝と出会う。
1936（昭和11）	23歳	第三高等学校を退学。一枝とともに上京する。
1937（昭和12）	24歳	戯曲を勉強し、発表するものの評価が芳しくなかった。
1938（昭和13）	25歳	スタンダールの『赤と黒』に影響をうけ、小説家を目指す。
1939（昭和14）	26歳	大阪に戻り、日本興業新聞社に入社。一枝と結婚する。
1940（昭和15）	27歳	『夫婦善哉』『放浪』を発表。『俗臭』は芥川賞候補となる。
1941（昭和16）	28歳	『青春の逆説』を刊行するものの、発売禁止処分を受ける。
1944（昭和19）	31歳	病気で一枝が死去。孤独や虚無感を友人に訴える。
1946（昭和21）	33歳	声楽家の笹田和子と再婚。『素顔』『文楽の人』を発表。
1947（昭和22）	33歳	肺結核が悪化し、死去。

『夫婦善哉』

『夫婦善哉』新潮文庫刊

舞台は大阪。蝶子は、年中、借金取りがくる貧乏な天ぷら屋の娘として育つ。小学校を卒業すると女中奉公にでて、後に人気芸者となる。

ある日、蝶子は、妻子持ちの化粧品問屋のボンボン息子である柳吉と出会い、柳吉が東京に集金に行くのを機に駆け落ちをする。柳吉31歳、蝶子20歳の頃だった。柳吉は実家の父親から勘当され、妻とも離婚をして無職となる。2人はいったん大阪に戻り、仕事のない柳吉にかわり、蝶子がまた芸者となり働き始める。しかし、柳吉は蝶子の金でカフェに行ったり、飲んだり放蕩三昧。蝶子は柳吉を一人前の男にしようとし、自分が稼いだお金でおでん屋を開き商売をはじめるが、柳吉の浪費癖で失敗に終わる。その後も柳吉は、妹にお金を借りて遊びにいったり散財したり、ダメさに拍車がかかっていた。

しかし、なんとかして柳吉の父親に正式な夫婦として認めてもらいたい蝶子。そんな折、偶然、昔の芸者仲間だった金八に出会う。男の妾から裕福な家の妻となり、今では裕福な生活をしている金八は、蝶子にお金を貸すからと起業を勧めてくれる。蝶子は一念発起をし、再び、柳吉とカフェを開く。

苦労が実り、カフェは繁盛したが、柳吉の父親が危篤となり柳吉は実家に帰ってしまう。帰省先から入った「葬式に来られたら困る」という柳吉の一言で、自殺をはかる蝶子だったが一命を取りとめ、帰ってきた柳吉と蝶子の生活は続いていく。

作品のポイント

人気芸者でいつも一生懸命なしっかり者の蝶子と、ボンボンで甲斐性がなくて遊び人のダメな男の柳吉。そんな正反対の男女が出会い、惹かれあい、夫婦になろうと努力していく……。蝶子は10歳以上も年上の男を、なんとかして一人前の男にしようとあれやこれやと画策するが、柳吉はそれに応えようとしない。蝶子は何度も何度も柳吉に裏切られても、彼の隣りから離れることはなかった。そして、柳吉も結局は蝶子のもとに戻ってくる。

切っても切れない男女の絆や、離れられない縁があることを、2人が一緒に夫婦善哉を食べるラストシーンが物語っている。

とにかくクセが強い！

読んでおきたい作品

『俗臭』

児子権右衛門は、貧乏だった家を再興しようと大阪にでて、沖仲仕や帳場、夜店出しと職を転々としながら得たお金で、廃球専門の屑屋となる。政江と結婚をし、7人兄弟の弟たちを同業の商人にしようとする。

ある日、お正月に権右衛門の自宅に弟夫婦たちが集まっているが、千恵造夫婦だけ来ていない。千恵造の妻、賀来子の出自を知った権右衛門夫婦が千恵造に離婚することを勧めていたのだ。しかし……。大阪の商人・児子権右衛門とその一族を描いた今作は芥川賞候補となった。

『夫婦善哉』岩波文庫刊

『世相』

作家である「私」は、自分の小説のスタイルを発見すればよいのかと思案していた。阿部定の事件が起こったのは、ちょうどそんな時だ。阿部定を書きたいと思い、公判記録の写しを探しまわった。

ある日、難波の天ぷら屋の主人が公判記録を持っていることが判明。そこには小説のような彼女の人生が書かれていた。彼女の半生を書きたかったが、検閲が厳しく果たせなかった。その時、主人がある秘密を話し始める……。終戦直後の世相を書こうとした実験的小説。

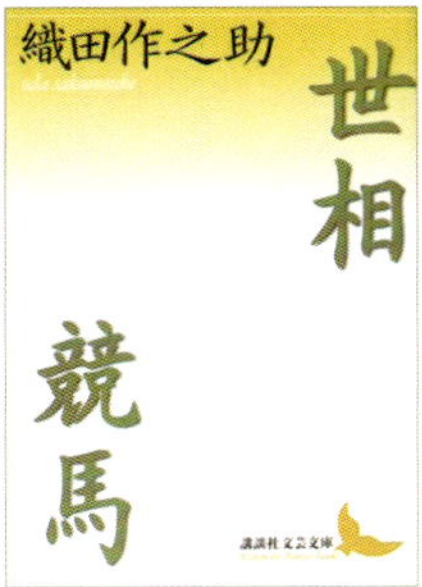

『世相／競馬』講談社文芸文庫刊

文豪の名言・名文

文句を言わずに、ただもうせえだい働いたら良えのや。人間は働くために生まれて来たのや。らくをしよ思たらあかんぜ。

『わが町』より

『わが町』は、大阪の河童横丁を舞台に、住民3代にわたる物語。どん底の中で生きる人たちを常に描き、見てきた織田の生々しい台詞が胸を打つ。

凡そ成功の岐（わか）るる所は僅かに一歩の差である。一歩先んじて進む者は成功し、後（おく）るる者は不遇を嘆つ。

『大阪の指導者』より

「物事はちょっとのタイミングで、大きく勝敗がわかれる。成功したければ、常にタイミングを計る能力を身につけておくことが必要である」という意味。

思想が心細いんじゃない。思想を抱いている人間が心細いんだよ。

『夜の構図』より

批評家から「小説の中に思想がない」と常に悪評を受けていた織田は、思想があるのはいいが、思想に振り回されている人たちを心細いと思っていたのだろう。

三《み》島《しま》由《ゆ》紀《き》夫《お》

「昭和」と生涯を共にした文豪

肉体コンプレックス

幼少期は病弱であだ名は「アオジロ」。兵役を逃れたことにも劣等感を抱き、貧弱な体を変えるべく30歳でボディビルに開眼した。

世界的人気作家

多数の作品が翻訳され、米誌「Esquire」の「世界で最も重要な100人」に選ばれる。4度にわたりノーベル文学賞の有力候補になる。

生没年

1925年1月14日～
1970年11月25日

出身地

東京市四谷区永住町
（現・東京都新宿区四谷）

関係の深い人

川端康成
清水文雄
澁澤龍彦
芥川比呂志
ドナルド・キーン

作風

伝統回帰を提唱する日本浪漫派の影響を受けた、緻密な修辞と構築性に富んだ唯美的な作風。戯曲や歌舞伎演目も著した。

ぷろふぃーる

本名・平岡公威。東京・四谷に農商務官僚の父のもと生まれる。学習院初等科の頃から校内誌で詩や戯曲を創作。16歳で同人誌「文藝文化」に『花ざかりの森』を発表。東京帝国大学入学後、戦況が激しくなるが医師の誤診により兵役を免れる。卒業後は大蔵省に勤務するも、翌年に退職し作家活動に専念。24歳で『仮面の告白』を刊行。以後『潮騒』『金閣寺』、戯曲『サド侯爵夫人』などを発表し、映画化・舞台化するヒット作を生み出した。晩年は政治的な傾向を強め、1970年、陸上自衛隊市ヶ谷駐屯地で演説後、割腹自殺。享年45歳。

イラスト by. トミダトモミ

三島由紀夫といふ人物

学習院時代から才能を発揮

母の意向で小学校は学習院初等科に入学。このときの学校生活や、学友との関わりは『仮面の告白』をはじめとした作品に影響を与えている。『花ざかりの森』は同校中等科5年生16歳のときの作品。生涯の師となる清水文雄は、才能を早くから評価し、この作品の雑誌掲載を推薦した。「三島由紀夫」という筆名も清水の助言による。三島は小説を発表する傍ら、短歌や詩の創作も行っていた。

30歳を過ぎてからの新しい趣味

それまで文学に全身全霊を捧げてきた三島だったが、30歳を過ぎた頃よりボディビルという新しい趣味を見つける。過保護に育てられ幼少時は「アオジロ」といわれていて、貧弱な身体をコンプレックスに思っていたことも影響した。以後、さまざまなスポーツや武道も積極的にこなし、鋼のような肉体を手にいれる。自衛隊の訓練にも参加、のちの「楯の会」結成につながることに。

川端康成との交流

本格的に小説を書き始めた三島は、帝大時代に短編小説『中世』、『煙草』を持って川端康成のもとを訪れた。『煙草』は川端を介し雑誌「人間」に掲載され、このことは三島が文壇で名を売る第一歩となった。以後、川端とは師弟のような関係が生まれ、家族ぐるみの親密な交際が続けられた。三島の死の直前まで手紙のやり取りもあった。三島の葬儀のときも川端が葬儀委員長を務めた。

演説後の割腹自殺

遺作となった『豊饒の海』第四部『天人五衰』を書き終えた三島は、楯の会の若い部下4名を伴って、市ヶ谷の陸上自衛隊に向かった。総督を人質にとり自衛隊全隊員を集合させることなどを要求。総督室のバルコニーで、憲法改正や自衛隊の決起を呼びかける演説を行う。その後、総督室で割腹自殺。三島事件、楯の会事件と呼ばれ、国内外に大きな影響を与えることとなった。

1925（大正14）	0歳	東京市四谷区に生まれる。
1938（昭和13）	13歳	学習院中等科の校内誌「輔仁会雑誌」に初の小説「酸模」を発表。
1941（昭和16）	16歳	終生の恩師となる清水文雄の同人誌「文藝文化」に『花ざかりの森』を発表。
1944（昭和19）	19歳	東京帝国大学法学法律学科に入学。
1946（昭和21）	21歳	川端康成に原稿持参し、以降師事。「人間」に『煙草』と『中世』を発表。
1947（昭和22）	22歳	大蔵省に入省、事務官として銀行局国民貯蓄課に勤務。翌年、依頼退職。
1949（昭和24）	22歳	仮面の告白』を発表。
1954（昭和29）	29歳	『潮騒』を発表。創作歌舞伎『鰯売恋曳網』が歌舞伎座で初演。
1956（昭和31）	31歳	『金閣寺』、戯曲集『近代能楽集』、『永すぎた春』を刊行。文学座に入座。
1958（昭和33）	33歳	川端康成夫妻の媒酌で杉山瑤子と結婚。
1962（昭和37）	37歳	長男が誕生。
1965（昭和40）	40歳	『サド侯爵夫人』を発表。
1968（昭和43）	43歳	民兵組織「楯の会」を結成。
1970（昭和45）	45歳	陸上自衛隊市ヶ谷駐屯地で演説し割腹自殺。

『金閣寺』

『金閣寺』新潮文庫刊

　生まれつき体も弱く、吃音に苦しんでいた溝口（私）は、内省的な性格で生そのものを呪い、世に対し背を向けるように生きていた。また僧侶である父に教えられ、金閣寺こそがもっとも美しいものだと信じてやまなかった。父の死後金閣寺に徒弟として住み込みで入ると、現実の金閣寺に失望してしまう。だが戦争が激しくなる中で金閣が燃えるという夢想が生まれ、金閣は再び美しい存在となる。

　吃音の溝口に優しく接してくれた同輩の鶴川の死、足は不自由だが頭が良く狡猾な一面を持つ学友の柏木、俗っぽさで溝口を幻滅させ関係が徐々に悪化していく金閣寺の老師など、京都での出会いや徒弟としての生活もまた、溝口を鬱屈した感情から解放してくれるものではなかった。柏木に借金して出奔した溝口は、舞鶴湾の荒れる海を眺めながら「金閣を焼かねばならぬ」と感じ、金閣寺を焼く計画を立てる。死の支度として刃物と薬も用意するなど準備を整え、幸福に充たされて計画を遂行する。金閣寺最上階、究竟頂で死のうとするが入れず戸外に駆け出す。左大文字山の頂きで火の粉の舞う夜空を見ながら煙草を吸う。そして「生きよう」と思う。

　1950年に起こった金閣寺焼失という実在の事件をもとに、金閣寺の美しさに心奪われた青年の生への鬱々した想いを、静かだが熱と湿り気を帯びた告白で描き切った三島の代表作。読売文学賞受賞。

作品のポイント

実際に起きた事件から着想を得て書かれた、三島31歳の時の作品。最上の美である金閣寺を描きながら、美しい娘有為子に軽蔑された過去や、不倫をしていた母への怒りや官能的なシーンが細かく描かれるなど、女性という美の存在が大きく扱われる、性を主題においた小説でもある。これにくわえて、自分をわかってくれた同輩鶴川、詐欺師的に巧妙な手口で女を扱う柏木というタイプの違う友人との関わり合いが、溝口の人物像をより複雑にしてゆく。「世界を変貌させるのは行為なんだ」と主人公に語らせているように、「行為」に焦点をおいた小説でもあり、三島文学の確立を見る、金字塔的作品。

世界が注目した作品の数々

読んでおきたい作品

『潮騒』

伊勢湾に浮かぶ歌島。貧しい家庭に育つ18歳の漁師・新治は、地元有力者の娘・初江と出会い惹かれ合う。嵐の日、焚き火の前で裸で抱き合うも、一線を越えることはなかった。しかし互いの恋敵が邪魔を入れ、初江の父・昭吉には交際を禁じられる。ある日、暴風に襲われた昭吉の持ち船を、船員修行で乗った新治が命綱を繋いで救う。昭吉はその勇姿を認め、周囲は二人の仲を祝福した。日本人の根底にある共同体倫理が描かれ、古代ギリシアの『ダフニスとクロエ』に着想を得た、若き男女の純愛物語。

『潮騒』新潮文庫刊

『仮面の告白』

生まれたときの光景を憶えていたという「私」による一人語り。幼少期に青年に惹かれた思い出や、ジャンヌ・ダルクが女性だと知り幻滅したことなどが告白調で淡々と語られる。同級生の近江に対する禁じられた恋心、友人の妹で人妻になった園子とのプラトニックな逢瀬など、倒錯する恋愛が主題になっており、正常な愛を求めながらも叶わない悲しさを、情感たっぷりに描いた二作目の長編小説は、同性愛を綴ったことで注目され、24歳の三島を一躍新鋭作家として世に知らしめることとなった。

『仮面の告白』新潮文庫刊

文豪の名言・名文

空虚な目標であれ、目標をめざして努力する過程にしか人間の幸福が存在しない。

たとえ人生に空虚さを感じていても、そもそも満ち足りる人間など存在しない。結果よりそれに向けて努力する過程に喜びを感じるものだと示唆している。

『小説家の息子』より

精神を凌駕することのできるのは習慣という怪物だけなのだ。

男女の不倫を描いた作中での一文。何事も繰り返し積み上げていき、習慣という怪物の餌食になるか、それを上手に飼い慣らすかは、当人と目標次第である。

『美徳のよろめき』より

本当の美とは人を黙らせるものであります。

真の美を追求し続けた三島。表層的なものではなく、心の琴線に触れるような"息をのむ美しさ"にその本質を見出していたのかもしれない。

『禁色』より

昭和時代の思《し》潮《ちょう》

社会主義思想と結びつき、個人主義的な文学を否定したプロレタリア文学と、文学手法の革新を目指した芸術派が中心に。戦後は無頼派が人気を集めるとともに文学が復興した。

【プロレタリア文学】

大正時代後期から昭和初期にかけて文壇の中心となる。個人主義的な文学を否定し、マルクス主義の立場で労働者の生活や思想を描いた。政治的な革命運動とのつながりが強いため、弾圧された。

▼代表的な作品

『蟹工船』小林多喜二《こばやしたきじ》　『太陽のない街』徳永直

【芸術派】

プロレタリア文学に対抗する思潮で、大正後期から昭和初期にかけてモダニズム文学として文壇の中心になった。新感覚派、振興芸術派、新心理主義の作家によって興った。

【新感覚派】

芸術派の一派。横光利一、川端康成などが創刊した同人誌『文芸時代』を中心とする。近代社会に生きる人間の現実を鋭い感覚で捉え、新しい表現技法で描き出した。

▼代表的な作品

『日輪』横光利一　『伊豆の踊子』川端康成

【新興芸術派】

芸術派の一派。新感覚派の後を継ぎ、反マルクス主義の立場で純文学を追求した。だが芸術理論に乏しく、商業主義的・享楽的傾向に流れていった。

▼代表的な作品

『檸檬』梶井基次郎　『山椒魚』井伏鱒二

【新心理主義】

芸術派の一派で、新感覚派の作風をさらに深めた思潮。欧米の心理的現実主義の影響を受け、人間の深層心理を捉えて芸術的に描こうとした。

▼代表的な作品

『聖家族』堀辰雄　『幽鬼の街』伊藤整

【無《ぶ》頼《らい》派（新戯作派）】

戦後すぐの時代に、反俗・反権威・反道徳言動を主張した作家たちのこと。江戸期の戯作の精神を復活させようという坂口安吾の主張に由来し、新戯作派とも呼ばれる。

▼代表的な作品

『堕落論』坂口安吾　『斜陽』太宰治

明治以前の文豪

紫《むらさき》式《しき》部《ぶ》

日本最古の長編小説の作者

道長が恋人？

時の権力者・藤原道長は紫式部に恋歌ともとれる歌を贈ったとされている。しかし紫式部のほうは彼を怖がっていたらしい？

厳しい人物批評

同時代に活躍した和泉式部のことは「和歌はうまいが素行がよくない」、清少納言については「知ったかぶりで軽薄」と手厳しく批評。

生没年

978年～1015年頃

出身地

京都府

紫式部といふ人物

紫式部は幼い頃に母を失ったことから学者の父の影響を強く受け、男性の学問といわれていた漢文学に精通していた。このため父は「この子が男の子として生まれなかったのは不幸なことだ」と嘆いたという。

ぷろふぃーる

本名は不明。香子（かおりこ／たかこ／こうし）という説もある。「紫式部」は宮仕えをしていたときの通称で、『源氏物語』のヒロインである紫上からとられたもの。ほかに「藤式部」とも呼ばれた。父である藤原為時は受領階級の中流貴族。漢学者であり、紫式部も幼い頃から漢文学や和歌に慣れ親しんで育った。25歳前後の頃に父の赴任で越前国（福井県）へ。数年後に帰京し、藤原宣孝と結婚、一女・賢子を出産。その後、夫と死別し、一条天皇の妃の一人・中宮彰子に仕える。没年は不明だが、宮仕えを辞した後、45歳前後と推測される。

イラスト by. 時々

『源氏物語』

時の帝・桐壺帝《きりつぼてい》に寵愛された桐壺更衣《きりつぼのこうい》は、低い身分ながらも美しい皇子（光君）を生むが、若くして死去。源氏の姓を与えられて臣下となった光君＝光源氏は、左大臣の娘・葵上《あおいのうえ》と結婚するが、葵上とは心を通わせることができず、父帝の女御で亡き母に似ているという藤壺を慕う。

その後、空蝉、夕顔とのかりそめの恋を経て、紫上と出会った源氏は、まだ幼い彼女を引き取って、後の妻とするべく養育する。一方、源氏に強引に迫られていた藤壺は、源氏の子である後の冷泉帝を出産し、罪の意識から出家してしまう。

『源氏物語絵巻』より（国立国会図書館所蔵）

葵上は源氏の息子となる夕霧を生むが、出産の際、源氏の年上の愛人・六条御息所の嫉妬による生霊のため死んでしまう。その後も、源氏と様々な女性との恋は続いた。しかし入内が決まっていた朧月夜との密通を暴かれ、ついに須磨に流される。

源氏は須磨から明石に移動し、明石君と出会う。明石君は源氏の子を懐妊。源氏は京に戻ることになり、生まれた明石姫君は、紫上の養女として育てられることになる。さらに源氏は四季折々の美しさを楽しめる六条院を造営し、紫上、明石君、花散里など愛する女性たちを住まわせた。

時が経ち、紫上が養育した明石の姫君は東宮妃として入内。息子の夕霧は幼なじみだった雲居雁と結婚して中納言に昇進。源氏自身は准太上天皇となる。

中年期に入り、源氏は帝たっての願いで年若い女三宮と結婚したが、彼女は柏木と密通して出産。その後、源氏最愛の女性である紫上が病から死去し、源氏も出家を考える。

源氏亡き後は女三宮と柏木の子・薫と、彼に対抗意識を燃やす第三皇子・匂宮が主人公となる。二人は宇治に住む姫君・大君、中君とその異母妹の浮舟を巡って対立する。大君は病に伏して死に、浮舟も二人の間で揺れた末に出家する。

作品の背景

夫・藤原宣孝と死別した後の1001年頃から書き始められ、宮仕え後も書き続けられたと考えられている。その後、1008年頃には宮中で話題になっていたようだ。

紫式部が仕えた中宮彰子は、先に入内していた中宮定子と対立関係にあった。彰子の父・藤原道長は彰子の周囲を才能豊かな女性で固めることで、彰子の教養や魅力も伸ばそうとした。そのために集められた女性には他に和泉式部や赤染衛門などがいた。

藤原道長といえば、「この世をば　わが世とぞ思ふ　望月の　欠けたることも　なしと思へば（この世は満月のように自分にとって完璧なものだ）と言ってのけた当時の大権力者。彰子入内は彼の出世の強力な基盤をつくることになり、道長は後の天皇にも娘たちを次々入内させた。

こんな作品もオススメ

『紫式部日記』

中宮彰子に仕えていた宮廷の様子や個人的な思いを描いた日記。1010年頃の成立と考えられる。彰子の出産を始めとする華やかな宮廷生活が詳細に綴られる一方で、自己や周囲の人々への批評も鋭い視点で行っている。当時の宮廷を知るための歴史的資料としての価値も高い。

紀《きの》貫《つら》之《ゆき》

日本最古の日記文学を作った

60代の父

『土佐日記』で偲ばれる幼い娘が土佐で亡くなったとき、貫之はすでに60代だった。このため娘の死は虚構だったと考える研究もある。

うっかりもの？

「女の私が書きます」と最初に宣言している土佐日記だが、男性ならではの言い回しも出てくる。わざとなのか、うっかりなのかは不明。

生没年
?～945年

出身地
京都府

紀貫之といふ人物

『古今和歌集』完成後、貫之の歌人としての評価は大いに高まり、有力者から屏風歌（屏風絵の主題に合わせて詠む歌）の依頼が殺到。売れっ子屏風歌作家となり、歌壇の指導者としても活躍するようになった。

ぷろふぃーる

平安時代前期の代表的な歌人。平安時代の和歌の名手「三十六歌仙」の一人。和歌の世界では早くから頭角を現し、三十代半ば頃には醍醐天皇の勅命を受け、『古今和歌集』を編纂。「仮名序」と呼ばれる仮名書きによる和歌論も著した。古今和歌集完成後は天皇の外戚などの庇護を受け、加賀介、美濃介などを経て930年土佐守に任官。4年間勤めた後、935年帰京する。土佐在任中には、醍醐天皇の命により第二の勅撰和歌集である『新撰和歌』にたずさわった。死没は帰京から10年後の945年とする説が有力。

イラスト by. トミダトモミ

女の子？じつはおじさんです

読んだ気になる代表作ガイド

『土佐日記』

眼下に広がる土佐の海

土佐の国守として任官した貫之が四年間の任期を終え、帰京するまでの船旅の様子を綴った日記。55日にわたる旅の記録を一日も欠かさず、和歌や歌論も含めて書いている。貫之は冒頭で「男性が書くという日記を女性の私も書いてみます」と宣言し、貫之に仕える女房という設定で書き進めている。なぜわざわざ女性のふりをしたのかは不明だが、女文字といわれた平仮名を用いることで会話や感情を自由に表現するのが目的だったと考えられている。

帰京が決まり、見送りに来る人がしてくれたことや、送別会について語る記述から日記は始まる。送別会では身分の上下を問わず皆が酔って、「一」という字を知らない者でも、その足では「十」という字を書くように遊び興じたという。

その後は旅の中での和歌のやり取りの記録、食べたもの、贈られたもの、旅先で出会った奇人変人、心に染み入った風景、海賊や悪天候への恐怖やその対処方法などについて、旅先で起こったことが多岐にわたり、その感想とともに書かれる。日記なのでストーリー性はなく、現代人がブログを書く感覚と似ているといってもいいだろう。

ある一日の日記の一部を挙げてみよう。

「海賊が出るという阿波の海峡（鳴門海峡）。夜中は海賊も活動しないというので、夜中に船を出す。真夜中なので西も東もわからない。船に乗る人は男女ともに必死で祈って、何とか海峡を渡ることができた。

午前五時頃、和泉の灘というところに到着した。今日は波もなく、神仏のお恵みを受けられたということだろうか」

日記の中でも印象的で、なおかつ通奏低音のように全体に影響しているのが、貫之夫妻が土佐で失った幼い娘を旅の折々に思い出しては悼む姿だ。自邸に戻った日、荒れた庭に生え始めていた小さな松に亡き娘を重ねて悲しむ夫妻を描いて、日記は静かに終わる。

作品の背景

貫之が帰京した935年の後半頃成立したものと見られる。旅の中で残した覚え書きをもとに完成させたようだ。貫之が生きていた時代の帝は醍醐天皇。様々な業績を残した醍醐天皇は和歌の発展にも力を入れ、貫之は和歌の才人として名を馳せたものの、官人としてはそれほど出世できなかった。だからこそ地方へ赴任しなければいけなかった。土佐下向の前後には醍醐天皇が崩御し、赴任中には有力な庇護者が次々と亡くなった。また、京で生まれた幼い娘を土佐で失ってもいる。このことから、土佐日記は深い喪失感の中で書かれたものだったとも推測できる。

単なる記録文になりがちな漢文での表現を捨て、自由に感情を描くことのできる女手＝平仮名を選んだのは、この喪失感があってこそだったのかもしれない。

こんな作品もオススメ

『古今和歌集』

醍醐天皇の命により成立した本邦初の勅撰（天皇の勅令で編纂された）和歌集。編者は貫之のほか従兄の紀友則、壬生忠岑、凡河内躬恒など。「やまとうたは、人の心を種として、万の言の葉とぞなれりける（和歌は人の心をもとに、それが様々な言葉になったものだ）」の序文も貫之の作。

清《せい》少《しょう》納《な》言《ごん》

才気走ったエッセイスト

元・夫も有名人

16歳頃結婚し、後に離婚した橘則光は、『今昔物語集』でも取り上げられるほどの武勇の持ち主。複数の賊を一人で返り討ちにした。

ライバルのはず？

ライバル同士のように見なされる紫式部とは、実際には宮仕えの時期が重なっていなかった。顔を合わせたこともなかったかも……。

生没年

965年～1025年頃

出身地

京都府

清少納言といふ人物

出しゃばりで知ったかぶりだと思われることもあったものの、明るく勝気で才気走った彼女は中宮定子を始め多くの人に好かれたようだ。公卿や殿上人たちに対しても一歩も引かず、教養を武器に渡り合った。

ぷろふぃーる

本名は不明。清少納言はいわば通り名で、「清」は苗字である清原氏からとったものだが、「少納言」に関しては諸説ある。清原氏は学者の家系で、父・清原元輔は『後撰和歌集』を撰集した「梨壺の五人」の一人。清少納言も当時は男性のものとされた漢学や和歌について深い教養を身につけながら育つ。最初の夫である橘則光とは約10年で離婚し、その後の28歳頃、一条天皇の妃の一人・中宮定子に仕える。明るい性格と高い教養を愛されたものの、定子は政変に敗れた兄の影響で凋落し、死去。それに伴い清少納言も宮仕えを辞した。

イラスト by. 時々

自由気ままに好みを語る

読んだ気になる代表作ガイド

『枕草子』

「春はあけぼの。やうやう白くなりゆく山際」

『枕草子』は日本最古のエッセイといわれる。約300段からなり、内容は類聚章段、日記（回想）章段、随想章段の三種類に分けられるが、はっきりと分けられないものもある。

類聚章段は「ものづくし」とも呼ばれる。「山は」など「〜は」での書き出しと、「すさまじきもの」など「〜もの」での書き出しがあり、該当すると思うことを挙げていく。いちばん有名なのは「春はあけぼの」だろう。ほかにも挙げると、例えば「心ときめきする（ドキドキする）もの」は、雀の雛を飼うこと、赤ん坊を遊ばせている前を通ること、高価なお香を焚いて寝そべること、中国の鏡が少し曇っているのを見ること、髪を洗って化粧をして、いい香りを染み込ませた着物を着ること、待つ人がいる夜に、雨や風の音にはっと驚くことなどだという。

日記章段は宮仕え中の体験や見聞を綴ったもので、「雪のいと高う降りたるを」が有名。雪の朝、定子が「香炉峰の雪はどうなっているだろう」と尋ねたところ清少納言はすぐに簾を巻き上げたという一場面だ。白楽天の詩の一節、「遺愛寺の鐘は枕をそばだてて聴き、香炉峰の雪は簾をかかげて見る」を元にしたやりとりで、女房たちは「詩のことは知っていたけれど、簾を上げようとは思わなかった」と言い合った。定子と清少納言、二人の教養と機知がよく表れているエピソードだ。

随想章段はどちらにも属さない、もっともエッセイらしい内容で、自然や人間の営みなどについて思うことを自由に表現している。「将来に望みもなく夫にすがるだけで、いつわりの幸せに浸っている女を見ると、バカみたいだと思う。きちんとした家の娘は、宮中に女房仕えをさせて世の中を見せたいものだ。そうやって宮仕えする（外で働く）女を悪く言う男はとても憎らしい」など、女性はこうあるべきという人生論をズバっと語っている。気が強く、自立心旺盛な女性だったことが、こういったところからも窺える。

作品の背景

『枕草子』の名は、定子が兄・藤原伊周から献上された草子（本として綴じた紙）に何を書こうかと清少納言に相談した際、「枕にこそは侍らめ（枕がいいでしょう）」と答えたところ、定子から「では、あなたにあげましょう」とその草子を下賜されたことに由来する。しかし、「枕」とは何を意味するのかはよくわかっていない。

敬愛する定子にもらった高級な紙に、清少納言は定子との楽しく輝いていた日々や、その日々の中で思ったことを書き綴った。定子は実際には辛い立場にあった。かつての大権力者・藤原道隆の娘として入内し、夫となった一条天皇に深く愛されたものの、道隆は病没し、その弟の道長が権力を握るようになる。定子の兄・伊周は道長と張り合うものの敗れ、道長は娘の彰子を入内させた。一条天皇自身は定子を愛し続けたものの周囲の人々は道長と彰子におもね、定子は凋落していった。清少納言はそんな状況の中で、枕草子にはあえて明るい話題を選んで書いたのだ。

1000年に定子は25歳で死去したが、跋文（後書き）はその翌年頃に書かれたものだと推測されている。

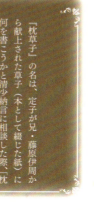

鴨《かもの》長《ちょう》明《めい》

名家出身の引きこもり

7歳で位階ゲット

名家の生まれだった長明は、時の中宮の計らいで、7歳にして従五位下の位を授けられる。が、授位は生涯これ一度きりだった。

働いたのは4年間

和歌の選歌委員に抜擢されるが、その後の親族とのイザコザなどが理由で4年で退職。長明が就いた唯一の仕事らしい仕事だった。

生没年
1155年～1216年

出身地
京都府

鴨長明といふ人物

『方丈記』の方丈とは一丈（約3メートル）四方の家という意味。長明は遁世後、この現在のワンルームよりも小さい家に住んだ。自分と向き合い仏道修行に邁進するにはこの狭さがちょうどよかったのだろう。

ぷろふぃーる

上賀茂・下鴨神社の禰宜（神官）の家系である鴨一族に生まれる。父は下鴨神社の正禰宜惣官（神職のトップ）を務めていた。両神社は天皇や貴族の崇敬も厚い大神社で、長明はいわばエリートだったが、誕生の翌年に保元の乱、3年後に平治の乱が勃発し、平家の勃興を間近で見ることになった。21歳頃、跡目相続で従兄弟と争って敗れ、孤立無援状態に。大火や大風、飢饉、地震などの災害や遷都なども経験し、永久不変なものは何もないとする無常観を得る。平家滅亡後は歌才から後鳥羽院に目をかけられるものの、出家遁世して隠者生活を送った。

イラスト by. 汐街コナ

『方丈記』

『枕草子』『徒然草』と並ぶ日本三大随筆のひとつである。京に立て続けに起こった災害と、そこから得た無常観を詳細に書き綴った前半と、出家遁世以降、和歌や音楽に浸りながらも仏道修行のあるべき道を探ろうと模索する様子が見られる後半とに分かれる。

とくに前半の記述には圧倒される。たとえば「安元の大火」（1177年）についてはこのように書いている。「火炎を地に吹きつける強風のため、家々が次々燃え上がった。炎は舞い上がった灰に照り映えて、空は真っ赤になった。風の勢いで吹きちぎられた火炎が、飛ぶようにして約100メートル、200メートルも越えて燃え移っていく。その真ん中にいる人たちは、とても正気ではいられない。煙を吸って倒れ込む人、逃げ場を失って焼け死ぬ人、身ひとつで逃げ出したものの一切の家財を失った人もいた」。

晩年は世俗を捨て、隠者として生活したという

「養和の大飢饉」（1181年）については、「上流階級の婦人でも、笠をかぶり、足に旅や脚絆をつけて、食べ物を求めてなりふりかまわず家を訪ねて回った。このように飢えのあまり正気をなくした人たちは、歩く力はまだ残っているように見えるのに、突然倒れて死んでしまうこともあった。土塀の外や道に数えきれないほどの餓死者がそのまま放置された。それを処理する方法もわからないのであたりには死臭が満ち、死体が腐っていく様子は直視できなかった」。このほか大風、地震、遷都にも直面したが、そのどれもが読み手の五感を刺激するほどの臨場感で描かれている。

後半では悠々自適な隠居生活を送っているかに見えながら、最終的に「自分は俗世への執着は捨てたかもしれないが、今度はこの静かな遁世生活に執着していたのではないか」と反省。それらについて自問し、何も考えずに体が動くままに答えようとしたところ、「南無阿弥陀仏」が自然に口をついて出たとして終わる。それは仏に対してさえも何も願わない、無心の境地から出た言葉だった。

作品の背景

長明が多感な青春時代を過ごしたのは一言でいえば激動の時代。長年続いた王朝国家体制が源平の争乱で破壊され、人心が乱れきっていたところに、天変地異が何度も重なった。長明自身も親族との跡継争いに敗れている。しかし非凡な和歌の才能により、平家滅亡後の1187年『千載和歌集』に歌が採用され、さらに1201年には後鳥羽院に和歌所の寄人（勅撰和歌集の選歌委員）として抜擢される。だがその後またも身内との跡目争いが起こり、結局はそれが理由で辞職までしてしまう。その後は出家しか道が残されていなかった長明だったが、おそらく後悔はなかっただろう。和歌への興味は尽きなかったものの隠者として生活し、これまでの無常観の集大成ともいえる方丈記を成立させた。

こんな作品もオススメ

『発心集《ほっしんしゅう》』

長明が60歳頃編纂したという仏教説話譚集。俗世を捨てて仏道に入る発心遁世譚、極楽往生を願う往生譚などが描かれる。高名な僧が帝の病気平癒の祈祷を命じられたものの「帝なら自分が行かなくてもどこかの僧が行くだろう」と断り、路上で苦しむ貧しい病人を救った話などがある。

兼《けん》好《こう》法《ほう》師《し》

博識のアウトロー

ラブレターを代筆

室町幕府の要人とも交流のあった兼好は、足利尊氏の部下・高師直のラブレターを代筆したことがある。結果はさんざんだったが……。

元・武士だった

出家する前は上皇の身辺や住まいを警護する「北面の武士」として後宇多院に仕えていた。ただし、腕っぷしのほうは不明。

生没年

1283年～1352年頃

出身地

京都府

兼好法師といふ人物

出家した兼好だったが女性の色香には惑わされ続けたようだ。「着物のいい香りやきれいな肌にはどうしてもときめく」などと書きながら、次の段では「そんな気持ちは慎まなければ」とも述べている。

ぷろふぃーる

兼好法師は出家した後の呼び名で、俗名は卜部兼好。卜部家は吉田神社の神官の家系なので吉田兼好と呼ばれることも。北面の武士として仕えたが、30歳頃官を辞して出家したといわれる。その後は修学院（現・京都市左京区）や比叡山の横川に隠棲し、仏道修行のかたわら和歌に励んだ。和歌は二条為世に学び、『続千載和歌集』『続後拾遺和歌集』などの勅撰和歌集にも入集された。古典学者、有職故実（朝廷や公家のしきたりを研究する学問）家、能書家としての顔もあったインテリである。晩年には仁和寺近辺の双ヶ岡（現京都市右京区）に住んだらしい。

イラスト by. 猫屋くりこ

バラエティー豊かな随筆

読んだ気になる代表作ガイド

『徒然草』

序段と243段からなる随筆である。扱う主題は多岐にわたるが、大きく分類すると「仏教的無常観」「人間の本質」「有職故実」の三種類になる。

「仏教的無常観」に関する章は、無常を肯定的に捉える姿勢が特長だ。「この世は無常だからこそ素晴らしい」「死を憎むのなら、生を愛するべきである」など、悲しむべきものとされていた無常に前向きに向き合うほか、「季節が移り変わる様子は何ごとにつけても趣深い」など、変化を喜ばしいものとして受け入れている。有名な第137段「花は盛りに、月は隈なきを見るものかは」（花は満開のときだけ、月は満月のときだけを見るものだろうか）も、ここに加えられるだろう。最高とされる状態だけではなく、それ以外のときやものにも良さはある、むしろそちらのほうが味わい深いこともあると語る。

晩年住んだといわれる仁和寺

「人間の本質」に関する章では、「字が下手でも気にせずに手紙をたくさん書くのはいいことだ。下手だからと代筆させるのはかえって見苦しい」「賢くない人が他人を推し量って、その知性を知った気になったって当たるわけがない。（略）専門分野外のことでは他人と争わず、是非を論じないほうがいい」など、兼好流の観察眼が光る。男性論、女性論、老人論など特定の種類の人たちに特化した話題も多い。「五十歳にもなって玄人の域に達することのできない芸ならやめたほうがいい。老人の芸はみんな哀れで笑うことができないから、当人は自分のみじめさに気がつかない」など、現代人が耳をふさぎたくなるような話もある。

「有職故実」に関する章では、「後鳥羽院が藤原光親に食事を振る舞った際、光親は食べ終わった食器を院の簾に入れて退出した。女房たちは『汚い』などと光親を罵ったが、院は『しきたり通りの振る舞いで素晴らしい』と感心した」などの話があり、兼好の博識ぶりがわかる。彼は何事につけても昔（平安時代）らしいことを好んだ人物でもあった。

作品の背景

成立年についてはさまざまな説がある。1331年には成立していた、32段までと33段以降はべつの時期に書かれた、三回にわたって書かれた、長期にわたって執筆されたなどである。いずれにせよ兼好は鎌倉時代末期から南北朝時代という動乱の時代を生き、さまざまな経験や見聞から徒然草が生まれた。成立を1331年とするなら、後醍醐天皇が倒幕のために二度目の挙兵を行い、それに対抗するべく鎌倉幕府の命で足利尊氏が出兵した年だ。それより以前、朝廷は対立する二派の系統から交互に天皇を出すなど複雑な状況にあった。幕府も1274年と1281年の元寇の際、報奨を御家人たちに満足に与えられなかったことから権威を失墜させつつあった。時代が移り変わる直前の不安定な時期だったといえる。

こんな作品もオススメ

「157段 筆をとれば物書かれ、」

「筆をとれば物書かれ、楽器をとれば音をたてんと思ふ。（略）心は、必ず、事に触れて来たる。仮にも不善の戯れをなすべからず」。筆を取れば物を書きたく、楽器を持てば鳴らしたくなる。心は必ず外部に影響されて動く。だから良くない戯れをするな。

松《まつ》尾《お》芭《ば》蕉《しょう》

旅に生き、旅を思って没した

実は忍者？

忍者の里である伊賀の出身であり、異様な健脚だったこと、一生に謎が多いことなどから各地を視察する忍者だったという説もある。

意外に優雅な旅

裕福な弟子たちの援助や俳諧の授業料などで旅の際の資金は潤沢だったよう。案内人や運搬人を雇ったり馬や船に乗ったりもしている。

生没年

1644 年～1694 頃

出身地

三重県

松尾芭蕉といふ人物

少年時代、芭蕉は父から織田信長の苛烈な伊賀攻めの歴史を聞いて育った。『おくのほそ道』で古戦場や悲劇の武将たちに思いを馳せることが多いのは、かつての伊賀の姿に重ねたからでもあったようだ。

ぷろふぃーる

下級武士の子として伊賀上野に誕生。庶民の文芸として俳諧(集団で句を次々と詠んでいく文芸）が愛好された時代であり、芭蕉も少年時代から励んでいた。19 歳のとき俳諧が縁で上野の名門藤堂家の嫡男・良忠に仕えるが、芭蕉 23 歳のとき病没。俳諧師として身を立てるべく江戸で生活を始めるものの、弟子の数や人気の高低を争う俳壇に嫌気が差し、37 歳で隠遁生活を始める。１６８４年、41 歳のときに俳諧をさらに追求するため草庵を捨てて旅に出る。以降、漂泊の詩人として通計４年３カ月を旅に費やし、独自の理念を深めていった。

イラスト by. 唯奈

みちのくを目指す紀行文

読んだ気になる代表作ガイド

『おくのほそ道』

「おくのほそ道」とは、奥州街道を「奥の大道」と呼ぶのに対し、多賀国府周辺の小道のことを指したものらしい。奥州と北陸道を巡ったこの旅は芭蕉の人生の中でも最大の旅で、芭蕉はここから「不易流行」を提唱するに至る。不易とは変わらないこと、流行とは変化することをいい、一見対立するように見える二つの概念が統合してこそ俳諧は芸術性を会得するのだと説いた。

『おくのほそ道』には、親しい人々に見送られて江戸を出発した1689年5月から、大垣を出て伊勢に向かおうとする10月までの旅の様子と、その折々に詠んだ俳句が記録されている。

まず、江戸を離れるときには、「行く春や鳥啼き魚の目は涙」（過ぎる春を惜しむのは私たちだけではない。鳥が鳴き、魚の目にも涙が溢れている）と詠んだ。

日光山に参拝した際には、初夏の陽光の中で新緑を前にして、「あらたふと青葉若葉の日の光」（なんと尊いことだろう。この山の青葉、若葉は、初夏の陽光だけでなく、日光山の威光でも照り輝いている）。

平泉の古戦場を前にしては、「夏草や兵どもが夢の跡」（夏草が深く生い茂るここは、いにしえの武士たちが栄光を夢見る戦場だったのだ）。

山形の立石寺という山寺で、日暮れ時に「閑かさや岩にしみ入る蝉の声」（夕暮れ時のしずけさの中で、蝉の声が岩にしみとおるようだ）。

最上川を船で下ろうとしたときには、五月雨で増水した川のその力強い様子を見、「五月雨をあつめて早し最上川」（急流の最上川が、五月雨でさらに増水して、すさまじいまでの速さで流れ下っている）。

やがて芭蕉は、北陸を経て大垣に至る。現地に住む親しい人たちが訪ねてきてくれたが、「蛤のふたみに別れ行く秋ぞ」（蛤が蓋と身に分かれるように、この晩秋の季節、親しい人と別れて二見が浦を目指そうとしている）と詠み、『おくのほそ道』は終わる。

松尾芭蕉が訪れた松島の光景

作品の背景

芭蕉が生まれ育ったのは徳川幕府三代将軍・家光の治世である。乱世がようやくおさまり、幕府による諸制度の整備が進んでいった時代だった。下級武士の子として生まれたものの、身分制度がすでに確立していたために士官を目指すことはできなかった芭蕉は俳諧の道を志した。推敲を重ね、『おくのほそ道』が完成した1694年は五代将軍の治世で、浮世草子の井原西鶴、浄瑠璃の近松門左衛門なども世に現れた華やかな時代となった。

こんな作品もオススメ

『旅に病んで夢は枯野をかけ廻る』

旅先で病に伏したが、夢では元気に旅していた頃のように枯野をかけ廻っている、という意味。

1694年、故郷の伊賀を訪れた後、京を経て大阪に着いた芭蕉は高熱を発して倒れた。一月後、門弟たちに看取られつつ死没。その病床で詠んだこの句は辞世の句となった。

井《い》原《はら》西《さい》鶴《かく》

大阪を笑いの地にした

芭蕉に嫌われた

同じ俳諧の道を志した二人だが、ストイックに芸術性を深めようとする芭蕉は笑いを追求する西鶴を下品だとして嫌っていた。

怒涛のお笑いライブ

観客を前に一人で俳諧を詠み続ける「矢数俳諧」。単独ライブのようなこのイベントで一昼夜のうちに2万3500の句を詠んだ。

生没年

1642年～1693年頃

出身地

大阪府

井原西鶴といふ人物

いちばん最初に行った1000句の独吟は3人の幼い娘を残して亡くなった妻の追善供養として行ったものだった。この冬に西鶴は剃髪し、家業を手代に譲って俳諧一本の人生を歩み始めた。

ぷろふぃーる

大坂の裕福な商家に生まれる。社会風刺や風俗を詠む「談林俳諧」に傾倒し、奔放な句作で多くの俳人から異端児扱いされる。1675年頃、夜明けから日没までに独吟で1000句を詠んだのを皮切りに、一人で詠む句数を競う「矢数俳諧」を大坂で流行させ、最終的には2万3500句を達成した。1682年（天和2年）、師の西山宗因の死後、浮世草子（風俗小説）作家に転身。刊行した『好色一代男』が人気を博し、新たな笑いの形を世に示した。その後も次々と浮世草子を発表し、『世間胸算用』の刊行後、1693年に没した。

イラスト by. サキコ

人気作家が描く官能物語

読んだ気になる代表作ガイド

『好色一代男』

作品では世之介（本名は浮世之介）7歳から60歳まで、54年の生活が一話一年の形式で語られるが、これは『源氏物語』54帖になぞらえている。また、『伊勢物語』のパロディとも受け取ることもできる。

大坂の大商人の息子・世之介。遊び人の父と島原の遊女の母の間に生まれた彼はきわめて早熟だった。7歳で恋を知って腰元を口説き、怪しげな姿絵の絵本を好み、香を袖に焚きしめる。8歳で恋文を出す。9歳でノゾキを覚える。11歳で伏見の遊里に出入りするようになり、女を身請けして親元に返してやる。15歳で後家を孕ませるがそのまま捨てる。彼は少年時代から、このように大人顔負けの色の道を楽しんでいた。

18歳のときに上京し、宿場の女郎たちと枕を交わす。19歳のときに江戸に住むようになったが、世之介の放蕩は止むどころかさらにひどくなった。江戸じゅうの岡場所、夜鷹、宿場女郎などを渡り歩いた挙句、ついには吉原通いまで始めてしまう。親は世之介を勘当するが、彼はまったく懲りず、諸国を旅して色の道をさらに極めようとする。

とはいえ、頼るあてがあるわけではない。21歳のときには謡曲うたいとなってほうぼうを旅してまわった。そんな日々の中で世之介は謡曲のうたいぶりをある金持ちに気に入られ、彼の元にしばらく逗留することになった。美しい京女を抱くこともできた。

34歳のとき父が死没。遺産を相続すると、以降は京の島原、大阪の新町、江戸の吉原など遊里の名のある遊女たちに挑むようになる。60歳になると浮世の色は味わい尽くしたとして、「好色丸」と名付けた船に宝と責め道具を積み、海の彼方にあるという女だけが住む島「女護島」を目指して旅立った。

設定では世之介が相手にしたのは女性3742人、少年（男性）725人とされ、登場した女性も遊女、比丘尼、巫女、人妻、商人、男娼など多岐にわたった。

『好色一代男』より（国立国会図書館所蔵）

こんな作品もオススメ

『日本永代蔵』

世界初の経済小説とされる。才覚を働かせて財を成した人々を描いた短編集。実在のモデルが多いとされる。一反続きの木綿を買って手拭いとして切り売りし成功した話、呉服商が店の品揃えを増やす、急ぎの仕上げに対応するなどの工夫を凝らして店を繁盛させた話などがある。

『世間胸算用』

さまざまな商売の決算日だった大晦日に、金を払う者、取り立てる者、取り立てから逃げる者など庶民の悲喜こもごもを描いた短編集。狂言自殺を見抜いて代金を回収する話、借金取りから逃げるために寺に参詣したら「灯明代がもったいない」と住職に追い返された話などがある。

作品の背景

西鶴が誕生した頃、出身地である大坂は大坂冬の陣から約30年が経ち、一大商業都市として復興、活気に満ちていた。そんな街で西鶴は俳壇の異端児として扱われたものの、実力と人気は確かだった。矢数俳諧を数多く成功させた西鶴は、庶民に広まりつつあった出版にも目を向けた。俳諧の手法であるスピーディな表現や風刺、笑いを取り入れた浮世草子『好色一代男』は大ヒットし、それまで大坂に数軒しかなかった本屋が50軒以上に増えたという。

上《うえ》田《だ》秋《あき》成《なり》

神からもらったこの命

口が悪い

友人、知人たちを評する際の口が悪かった。「あほう」「風流のない人」「女ずき」「したての禿」「俗慾」などいいたい放題である。

本居宣長と論争

国学者としての顔もあった秋成は、古代国語や創世神話に登場する神について同じ国学者の本居宣長と論争を繰り広げていた。

生没年

1734年～1809年頃

出身地

大阪府

上田秋成といふ人物

幼少時代は体が弱かったようで、疱瘡にかかったほかにも、ときどきてんかん質性の発作を起こすこともあったらしい。だが二千両の金を蔵に積んでいたという豊かで愛情深い義両親のおかげで無事に成長した。

ぷろふぃーる

私生児として生まれ、4歳で大坂の紙油商の養子となる。翌年、疱瘡を患い生死の境をさまよったが、養父が加島稲荷に詣でて助命を祈ったところ、夢で秋成に68歳まで寿命を与えるとの託宣を受けた。秋成は指先が不自由になったものの一命をとりとめ、このときから神秘的なものに畏敬と興味を抱くようになった。俳諧に親しんだり、浮世草子を出版したりした青年時代を経て、やがて国学の研究にもたずさわるように。さらに漢学や医術も学び、43歳のときには町医者を開業。晩年は目を患い、不自由な生活を送りながらも滑稽本や読本の執筆を続けた。

イラスト by. 佐々子

妖しい魅力の怪異譚

読んだ気になる代表作ガイド

『雨月物語』

中国の白話（口語体）小説と日本の古典を参考に書かれた伝奇小説で、9編からなる。幻想的かつ恐ろしい怪異現象を描きつつ、人間の心の底の執念や憤りなどを暴いている。

とくに有名なものを挙げるとすれば、「蛇性の婬」だろう。紀伊の網元の末息子・豊雄は働くことを嫌い、風流を愛する青年だった。豊雄はある大雨の日、雨宿りした漁師の家で美しい未亡人・真女子と出会い、傘を貸したのをきっかけに家を訪れ、契りを交わす。豊雄は真女子から宝刀を与えられるが、帰宅後、盗品だと発覚。問いつめられた豊雄が真女子のことを話すと、武士たちは捕らえようとその家に向かった。しかし、そこにいた真女子は怪しい雷とともに姿を消してしまった。

その後、豊雄は大和国の姉の商家で暮らしていたが、そこに真女子がやってきて、宝刀を盗んだのは前の夫の仕業だと涙ながらに打ち明ける。豊雄は真女子を妻にするが、旅先で正体が蛇であると知る。真女子は逃げ、豊雄は紀伊に戻って新しい妻を迎えたが、真女子は今度は新妻に乗り移る。祈祷の僧もあっさりと殺した真女子に、豊雄はついに自分の身を差し出そうとするが、道成寺の法海和尚の助けによって、一命をとりとめる。蛇の姿となった真女子は取り押さえられ、壺に入れられて封印された。

「吉備津の釜」もよく知られた話だ。吉備津神社の娘・磯良は吉備津の釜の神事で凶と出た予言を無視し、正太郎と結婚する。磯良は夫にかいがいしく仕えたものの、浮気性の正太郎は袖という遊女と駆け落ちしてしまう。

袖の故郷の播磨で暮らし始めた正太郎だったが、数日後、袖が突然苦しみだし、死んでしまう。磯良の死霊を見た正太郎は陰陽師に相談し、身を守るため、四十九日の間、お札を貼った家にこもることになった。しかし、最後の一日の夜がなかなか明けない。かすかな光を見たと思い外に出るとそこはまだ夜で、正太郎は磯良に殺されてしまった。

舞台のひとつである琵琶湖

作品の背景

『雨月物語』は読本の代表的な作品である。読本とは18世紀半ば頃、浮世草子に代わって上方に登場したもの。後には江戸を中心に広まった。平易な仮名入りの絵本である草双紙に対し、文を読むこと自体を目的としてつくられている。都賀庭鐘が中国白話小説を翻案したのが始まりとされ、雨月物語もこの影響を受けている。秋成は「享保の改革」により倹約や学問が奨励され、封建体制が浸透していった空気が残る時代に生まれ、育った。閉塞感のある、堅苦しい時代だったといえる。読本が隆盛を始めた頃は田沼意次が老中を務めていた。その在任中は都市の商業が活性化。娯楽文化も発展し、多種多様な戯作文学（様々なジャンルの小説類の総称）が興った。秋成は新しい手法を取り入れながら、体制的、閉鎖的な視点も残していた。

こんな作品もオススメ

『春雨物語』

1808年に成立。刊行はされず写本の形で伝わっている。平安時代、桓武帝亡き後に即位した平城帝が政争に翻弄される中、怪異を怖れて譲位したものの、復位をもくろむ側近が反乱を企てるなどして剃髪するに至った「血かたびら」等10編の短編が収録されている。

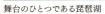

十《じっ》返《ぺん》舎《しゃ》一《いっ》九《く》

時代に愛されたマルチな才能

超多作作家

あらゆるジャンルの本を挿絵などまで含めて一人で書くことのできた一九は多作作家だった。その創作数は生涯で400作を超える。

愛されるタイプ

同時代に活躍した滝沢馬琴によると、一九は自分を飾らず、酒好きで人付き合いもよかったという。周囲からは大いに好かれたようだ。

生没年

1765年～1831年頃

出身地

駿河国府中
（現・静岡県静岡市葵区）

十返舎一九といふ人物

あらゆるジャンルの戯作をこなした一九は、文筆だけでなく挿絵や版下（清書）までも自分でこなした。出版元にとっては経費の節約にもなる、ありがたい作家だった。多作の理由はこのあたりにもあったようだ。

ぷろふぃーる

駿河国府中で町奉行の同心の子として生まれる。19歳で大坂に出て人形浄瑠璃の助作者となるが、30歳で江戸へ。文壇のプロデューサー的存在だった蔦屋重三郎と知り合ったのをきっかけに戯作を書き始め、1802年に出版した「東海道中膝栗毛」が大ヒット、一躍売れっ子戯作者としての地位を確立する。その後も読本、洒落本、滑稽本、黄表紙などあらゆるジャンルの戯作をみずからの絵つきで多数残す。ペンネームの由来は、香道を習った際に知った名香「黄熟香」が十度焚いても香りが残る「十返しの香」と呼ばれたことから。

イラスト by. 唯奈

凸凹コンビの旅コメディ

読んだ気になる代表作ガイド

『東海道中膝栗毛』

駿河国の商家の息子・弥次郎兵衛《やじろべえ》は遊郭にはまった上、旅役者の喜多八に入れあげて身代を潰し、喜多八とともに江戸に駆け落ちする。

数年後の江戸で弥次郎兵衛は妻と別れ、喜多八は奉公先をクビになる。二人は膝栗毛（徒歩旅行）で東海道を上り、運直しの伊勢詣りの旅に出ることにする。

箱根の宿場では、二人は五右衛門風呂の入り方がわからず、釜の底をぶち抜く。また喜多八が吹き込んだ嘘のために、弥次郎兵衛は宿場女郎に逃げられてしまう。

三島では、途中で知り合った十吉と同宿する。その晩、食べようと思っていたすっぽんが逃げて大騒ぎ。弥次郎兵衛はその騒ぎの中で十吉に金を盗まれる。十吉はスリだった。

『東海道五拾三次　日本橋・朝之景』より
（国立国会図書館所蔵）

新居から桑名までの道では、喜多八が駕籠かきに知ったかぶりをして、逆にカモにされてしまう。さらに山田までの間には、二人は交替で主従役になる遊びをするが、交替がうまくいかず喧嘩になってしまう。

伊賀上野では弥次郎兵衛が十返舎一九の名を騙り、地元の狂歌師に接待されるが偽物とばれてしまう。伊勢についた二人は遊郭に行ってから伊勢神宮参拝をする。

旅は終わらず、今度は伏見を経て京へ。伏見から大坂行きの船に乗ったものの、船を間違えていて再び伏見に戻ってしまう。京では江戸と違ったのんびりした雰囲気に驚く。喜多八は古着屋で店の者をごまかして着物を安く買ったつもりでいたが、じつはひどい代物で、人々の失笑を買った。豆腐田楽を食べた際には、店の者の揚げ足取りをしたところ、かえってぼったくられることに。さらに、途中で売りつけられた梯子を持ったまま宿に行ったために、強盗に間違えられる。

大坂では拾った富札（宝くじ）で豪遊するものの、当たり札ではなかったと発覚。とんでもない借金を負ってしまう。だが、太っ腹な宿の主人に助けられ、二人は木曽路を経て江戸に向かう。

作品の背景

1787年から行われた寛政の改革では出版文化が弾圧され、洒落本（主に遊里を舞台にした風俗小説）出版が禁止された。これに代わり、滑稽を主眼とし、市中を舞台にした滑稽本が登場した。

この作品は読者が喜ぶポイントも押さえていた。主人公たちは今風にいえばキャラの立った等身大のダメ人間。その愚行は狂歌を交えて明るく描かれた。宿場ごとに名物を紹介する、挿絵の狂歌には地元の狂歌師を使うなど、地方人の地元愛も見事にくすぐった。

こんな作品もオススメ

『続膝栗毛』

「東海道中膝栗毛」の大ヒットを受けて書かれた続編。二人は金毘羅、宮島に詣り、木曽路を通って善光寺、草津を経て江戸に戻る。一作目で江戸を出発してから二十一年が経っており、その息の長さから人気のほどが窺える。小判かと思った拾い物を開けてみると迷子札だったなど、相変わらずの二人が見られる。

滝《たき》沢《ざわ》馬《ば》琴《きん》

ライバルは我が師匠！

八犬伝は「最長」

文量も完結までの期間も日本の古典中最長。文字数は源氏物語の2倍以上、年月は28年間。書ききった馬琴もただ者ではない。

息子の嫁も功労者

「南総里見八犬伝」の執筆中に視力を失った馬琴は、口述したものを息子の嫁に書き取らせた。

生没年

1767年～1848年頃

出身地

江戸 深川
（現・東京都江東区平野）

滝沢馬琴といふ人物

京伝をライバル視したという馬琴。二人には不和説もあったが、その根拠は京伝の葬儀に馬琴が行かなかったこととされる。しかし馬琴自身は「葬式にいた」と書き残しており、真相は定かではない。

ぷろふぃーる

旗本・松平家の用人の子として深川に生まれる。主家や何人かの旗本に仕えたものの、24歳のとき戯作の道を志して山東京伝に弟子入り。最初は黄表紙（絵を中心に、会話や簡単な説明文で話を進める読み物）をつくっていた。1793年（寛政5年）、商家に入り婿するものの商売をやめ、戯作に専念するようになる。1807年（文化4）年、「椿説弓張月」を発表。京伝とともに戯作界をリードするようになっていった馬琴は、次第に京伝をライバル視するようになったとも伝えられる。1814年（文化11年）「南総里見八犬伝」の刊行が開始、大ロングセラーとなった。

イラスト by. まつゆき杏

馬琴版ドラ○ンボール!?

読んだ気になる代表作ガイド

『南総里見八犬伝』

『南総里見八犬伝』より（国立国会図書館所蔵）

室町時代後期、安房国の里見家は敵に攻め込まれて危機に陥る。当主の里見義実が飼い犬の八房に「敵将の首を取ってきたら娘の伏姫を妻として与える」と冗談を言うと、八房は本当に首を取ってくる。伏姫は八房と暮らすことになったが、腹に不思議な気が入り込んだために妊娠したようになり、身の潔白を晴らすためにみずから腹を斬る。すると身につけていた数珠が仁義礼智忠信孝悌の字をそれぞれ浮かび上がらせて空に飛んでいった。

二十数年後、「孝」の字を持った犬塚信乃は、亡き父から託された宝刀・村雨丸を公方家に献上しようとするが、父の姉夫婦に邪魔をされる。しかし、姉夫婦の下男である犬川荘助が「義」の珠を持っていることがわかった上、ある村人が生き別れた子が「信」の珠を持っていたことがわかり、ほかにも珠を持つ仲間がいると考えるようになる。

信乃は古河で公方・足利成氏に謁見したが、村雨丸が偽物にすり替えられていたことから疑われ、捕らえられそうになる。このとき捕り手として現れたのが、「信」の珠を持つ犬飼現八だった。芳流閣の屋根で戦う二人は、組み合いながら、下を流れる利根川に落ちてしまう。彼らを助けたのは、「悌」の珠を持つ犬田小文吾だった。

それから八犬士は次々と珠に導かれるようにして出会う。彼らはそれぞれが背負う過去や立場、目的の違いなどから最初は敵同士となって戦うこともあった。しかし里見家の元家臣から伏姫の因縁を知らされ、最終的には里見家のために力を合わせるようになった。やがて里見家討伐を狙う扇谷定正らの連合軍と八犬士が加わった里見家が衝突。里見家の当主は義実の息子で伏姫の弟である義成だった。里見軍は各地で勝利を収め、朝廷からの使者の前で和議が結ばれた。八犬士は義成の八人の姫と結婚し里見家の重臣となったが、老齢になると家督を子に譲り、山に入って仙人になったという。

作品の背景

馬琴が生きた江戸時代後半は寺子屋が普及し、識字率も上がった時代だった。それに伴い様々な書物が出版されたが、当時の出版技術はまだそれほど高くなかったこともあり、読本は貸本屋で借りることが一般的だった。その頃の江戸には５００軒ほどの貸本屋があったという。馬琴や京伝ら人気読本作家は貸本屋を大いに繁盛させた。計１０６冊刊行された「南総里見八犬伝」は、28年間22回、1回につき大体3冊から6冊発売された。基本は一年に一度発売のペースだったので、当時の人々にとっては毎年1回の特別な楽しみとなっていたかもしれない。完成直後に天保の改革による出版文化の弾圧があったが、馬琴は後も著述を続けた。その影には目の悪い彼を助けた息子の嫁・おみちの尽力もあった。

こんな作品もオススメ

『椿《ちん》説《せつ》弓《ゆみ》張《はり》月《づき》』

源為義の八男で弓の名手である為朝は保元の乱で敗れ、伊豆の大島に流される。しばらくそこで暮らすが、追っ手が来てさらに讃岐、肥後へ渡る。最後は沖縄に行き、王だった尚寧王を殺した妖僧・曚雲を倒す。その後、為朝は琉球を離れるが子の舜天丸は残り、即位して舜天王となった。

—文豪を偲ぶ— 文学忌《ぶんがくき》

文学忌とは作家の命日のことで、その作品などにちなんで名付けられる。なかでも太宰治の「桜桃忌」は俳句の季語にもなっており、いかに文学ファンから愛されているかがわかる。

9月26日
八雲忌
(小泉八雲)

10月21日
直哉忌
(志賀直哉)

10月22日
中也忌
(中原中也)

10月30日
紅葉忌
(尾崎紅葉)

11月23日
一葉忌
(樋口一葉)

11月25日
憂国《ゆうこく》忌
(三島由紀夫)

12月9日
漱石忌
(夏目漱石)

6月23日
独歩忌
(国木田独歩)

7月9日
鷗外忌
(森鷗外)

7月24日
河童忌
(芥川龍之介)

7月28日
石榴《ざくろ》忌
(江戸川乱歩)

8月22日
藤村忌
(島崎藤村)

9月7日
鏡花忌
(泉鏡花)

9月21日
賢治忌
(宮沢賢治)

2月17日
安吾忌
(坂口安吾)

3月6日
寛忌
(菊池寛)

3月24日
檸檬忌
(梶井基次郎)

4月16日
康成忌
(川端康成)

5月28日
辰雄忌
(原辰雄)

5月29日
白桜《はくおう》忌
(与謝野晶子)

6月19日
桜桃《おうとう》忌
(太宰治)

海外の文豪

女と賭博に溺れたロシアの大作家

ドストエフスキー

死刑囚の過去

危険分子として逮捕され、なんと判決は死刑。処刑当日に特赦となったが、この経験がのちの作風に大きな影響を与えることとなった。

ギャンブル狂

ビギナーズラックで1万フランを儲けたことで、40代のときに賭博にのめり込む。何度も一文無しになり、借金に追われる生活だった。

生没年

1821年11月11日～
1881年2月9日

出身地

ロシア
モスクワ

ドストエフスキーといふ人物

恋多き男として知られ、最初の結婚相手は未亡人。人妻時代から不倫関係を続け、夫の死をきっかけに結婚。この妻とは死別するが、その後も20代の若い女性に狙いを定めてアプローチを繰り返していた。

ぷろふぃーる

医師の次男としてモスクワに生まれる。サンクトペテルブルク陸軍中央工兵学校を卒業後、工兵隊製図局に勤務するが、1年で退職して作家を目指すようになる。1846年、処女作『貧しき人々』が高く評価され、華々しい作家デビューを果たす。しかし、その後は不遇の時代が続き、空想的社会主義により投獄・シベリア流刑を経験。刑期終了後、軍籍を経て1858年に帰還し、『罪と罰』『白痴』『悪霊』など、のちに代表作となる作品を次々と発表。晩年の1880年に上梓した『カラマーゾフの兄弟』は『罪と罰』と並ぶ最高傑作との呼び声が高い。

イラスト by. トミダトモミ

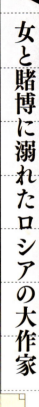

格差がもたらした罪と罰

読んだ気になる代表作ガイド

『罪と罰』

ロシア帝国の首都サンクトペテルブルク。学費を滞納して大学を除籍となった貧乏青年ラスコーリニコフは、ある強盗殺人計画を練っていた。ターゲットは悪名高い高利貸しの老婆アリョーナ。彼は「選ばれた非凡人は、世の中の成長のためならば、社会道徳を踏み外す権利を持つ」という大義を掲げ、奪った金品で善行をしようと考えていたのだ。

ところが、計画通りにアリョーナを殺害したまでは良かったが、現場に居合わせたアリョーナの義妹をも勢いで殺してしまう。

この日からというもの、ラスコーリニコフは罪の意識や犯行が露見する恐怖から精神を病むようになる。そんな折、彼は娼婦のソーニャと出会う。彼女は家族のために身を削って働く女性だった。ソーニャの父が事故死すると、彼はなけなしの財産を与えるなど、少しずつ交流を深めていった。

しかし、それでも彼の精神は安定することはない。老婆殺人事件に敏感に反応するため、次第に彼を怪しむ者も出てきた。なかでも予審判事のポルフィーリーは、彼の思想から犯行を疑い、ことあるごとに巧みな話術で責め立ててくる。追い詰められたラスコーリニコフは、ソーニャに自身の犯行を告白し、同時に自身の選民思想を打ち明ける。「金のために殺したのではない、自分が非凡人だという証明が欲しかったのだ」と。

その後、家族に別れを告げたラスコーリニコフは、ソーニャから十字架の首飾りを受け取ると、その足で警察署に赴き自首することとなった。彼への判決は懲役8年という、非常に軽いものだった。この理由は、彼が潔く重い刑罰を希望したことや、犯行後の善行が考慮されたからだった。出所後の人生を想像しようにも、生きる意味を見出せないラスコーリニコフ。そんな彼に同行し、流刑地のシベリアへと居を移すソーニャ。そんな彼女の姿を眺め、ラスコーリニコフはソーニャを愛していることに気がつくのだった。

『罪と罰』
岩波文庫刊

作品の背景

『罪と罰』の執筆は1865年に開始された。この4年前にはアレクサンドル2世が農奴解放令を発令し、解放された農奴がサンクトペテルブルクに押し寄せていた。人口の急増により、経済的矛盾や社会的不安が蔓延。犯罪や自殺といった暗い事件が増加していた時代だ。一方、知識人たちは社会変革という大義を唱え、実現のためには犠牲を厭わないという思想に傾いていた。ラスコーリニコフは、そんな傲慢な知識人のひとりとして描かれたと考えられる。

こんな作品もオススメ

『カラマーゾフの兄弟』

強欲で好色な成金、フョードル・カラマーゾフには3人の息子がいた。そのなかの長男ドミートリイとは不仲で、ことあるごとに衝突していた。そんなある日、フョードルが何者かに殺されてしまう。容疑者としてドミートリイが逮捕され、次男のイヴァンも彼が犯人だと信じて疑わない。一方、三男アレクセイは真犯人がカラマーゾフ家の使用人スメルジャコフだと見抜く。事実を知ったイヴァンはスメルジャコフに詰め寄るも、殺人を許可したのはイヴァンだと言い返す。イヴァンは従犯覚悟で裁判で真実を打ち明けるが、判決はドミートリイの有罪に。刑が確定したドミートリイは、犯された罪を背負うため流刑地へ旅立つ。

トルストイ

政府から危険視された小説家

エスペランティスト

国際語を目標とした人工言語エスペラントの考案者であるザメンホフと親交を深め、エスペラントの熱心な信奉者となった。

芸術を否定

既存の芸術作品のほとんどが上流階級のためにあると考え、自作すらも含めてその意義を否定。次第に社会活動に傾倒していった。

生没年

1828年9月9日～
1910年11月20日

出身地

ロシア
ヤースナヤ・ポリャーナ

トルストイといふ人物

1851年、志願して軍隊に入り、クリミア戦争では将校として従軍。しかし、セヴァストポリでの激戦に身を置いたことが、のちに非暴力主義を掲げる土台となる。また、堕落した政府・社会・宗教を批判した。

ぷろふぃーる

由緒ある地主貴族の四男として育つ。ルソーを敬愛し、カザン大学を中退後、広大な領地を父から相続。農地経営に乗り出すも、農民に理解されず失敗する。従軍時代の1852年、処女作『幼年時代』が雑誌に発表され、新進作家として注目を集める。退役後、ツルゲーネフらの文壇に迎えられ、1862年の結婚を機に創作活動を活発化。『戦争と平和』『アンナ・カレーニナ』を次々と発表する。求道者を目指したことで晩年は夫人と不仲に。1910年、家出を決行するも体調不良に陥り、鉄道の駅長官舎にて肺炎で死去した。

イラスト by. 猫屋くりこ

読んだ気になる代表作ガイド

『戦争と平和』

19世紀初頭、ナポレオン皇帝率いるフランスは欧州を蹂躙し、次の目標にロシアを狙っていた。そんななか、ピエール・ベズーホフ伯爵は父の急死によって莫大な遺産を相続する。ピエールは恋多き美女エレンと結婚するが、浮気性のエレンに愛想を尽かして追い出してしまう。

傷心のピエールは、同じ貴族で親友のアンドレイとニコライ、そしてニコライの妹ナターシャらと狩りに出掛けた。この交流を通じてアンドレイとナターシャは恋仲となり、秘密の婚約を交わした。

『戦争と平和』
新潮文庫刊

しかし、アンドレイが外遊に出ている間に、エレンの弟で不良貴族のアナトーリがナターシャを誘惑。口説かれてその気になったナターシャは、アナトーリと駆け落ちしようとするが、ピエールが駆けつけて制止する。アナトーリに騙されていたことを知ったナターシャは、婚約者を裏切った己を恥じる。

一方、フランス軍はロシア領に侵入し、アンドレイは最前線で戦うこととなった。ピエールもまた、義勇軍を率いてボロジノ会戦に参戦。悲惨な戦場を目の当たりにしたピエールは、ナポレオンに憎しみを抱く。

侵攻を続けるフランス軍に対し、ロシアはモスクワの放棄を決定。住民が街に火を放って郊外へと脱出するなか、モスクワに留まったピエールは逃げ遅れた少女を救出しようとして、進駐してきたフランス兵に捕まってしまう。その頃、負傷して後方へと送られたアンドレイは、ナターシャと再会。一度は裏切ったナターシャを許し、彼は婚約者に看取られながら死んでいく。

フランス軍は備蓄のないモスクワからの撤退を決めたが、これに対してロシア軍は反撃を開始。捕虜となったピエールも救出されることとなった。荒廃したモスクワに戻ったピエールは、のちにナターシャと結ばれ、捕虜時代の精神的な成長を経て、戦後ロシアの社交界で人望を集めていく。

作品の背景

ナポレオンによるロシア遠征などの歴史的背景を描写しつつ、ピエール、アンドレイらロシア貴族の興亡を綴った群像小説。当時のロシアでは古ロシア語から新たに整備された現代的なロシア語文法が浸透していた。しかし、トルストイら上流階級は教養として慣れ親しんだフランス語を常用。作中でも貴族たちの会話にフランス語が混じり、フランス風の名称ピエールを採用（ロシア語ではピョートル）するなど、当時のロシア貴族の文化も描写されている。

こんな作品もオススメ

『アンナ・カレーニナ』

1870年代のロシア。政府高官カレーニンの妻アンナは、若き将校ヴロンスキーと恋に落ちた。一方、地方の純朴な地主リョーヴィンはアンナの兄嫁の妹キティにプロポーズするが、彼女はヴロンスキーとの結婚を期待して拒否。しかしキティはヴロンスキーに無視され、病に伏せってしまう。アンナとヴロンスキーの関係が深まるなか、世間体を気にして離婚に応じないカレーニン。ふたりは駆け落ちして静かに暮らすが、気持ちのすれ違いからアンナは不倫を疑い、自殺してしまう。一方、リョーヴィンは回復したキティと結婚して家庭を築き、信仰心を大切にしつつ農村で幸せな生活を送ったのだった。

バルザック

愛情に飢えた人妻キラー

改訂で内容変更？

校正のたびに多くの修正を入れていたバルザック。版を重ねるにつれて、初版とは内容が大きく異なっていく作品も珍しくはなかった。

大食漢

自他ともに認める大食いで、社交界で豪華な料理を次々と平らげた。晩年に失明しているが、その原因は糖尿病と考えられている。

生没年

1799年5月20日～
1850年8月18日

出身地

フランス
トゥール

バルザックといふ人物

彼の豊富な女性遍歴において、交際相手の多くは家庭を持った貴族階級の年上夫人だった。また、浪費癖や事業の失敗で莫大な借金を抱えたが、その返済は晩年に結婚したポーランド貴族の未亡人が清算している。

ぷろふぃーる

生後すぐに近郊の乳母に預けられる。両親は公証人になることを望んでいたが、それを拒んでパリで創作活動を開始した。生計を立てるため、偽名で質を無視した小説などを数多く執筆し、本名名義では1829年の『ふくろう党』が処女作となる。1831年の『あら皮』で成功をおさめたあと、『ゴリオ爺さん』『谷間の百合』といった代表作を発表。1840年代からは自身の作品群を「人間喜劇」と称してまとめあげる構想を進めたが、完成前に1850年に死去。なお、本人は市民階級だったが、貴族への憧れから名前に「ド（de）」を冠した「ド・バルザック」を自称していた。

イラスト by. よるかげ

パリ社交界の醜さを描く

読んだ気になる代表作ガイド

『ゴリオ爺さん』

19世紀初頭、パリの下町。ヴォーケル夫人が経営する下宿屋に、7人の下宿人が暮らしていた。そのなかでも、みんなから見下されていたのは元製麺業者の老人ゴリオ。彼は入居当初こそ金持ちだったが、いつの間にかみすぼらしくなっていたからだ。

しかし、ゴリオが貧しくなったのには理由がある。彼は全財産を2人の娘に分け与え、貴族へと嫁がせていた。娘たちは結婚後もゴリオのもとを頻繁に訪れ、彼に金の無心をしていたのだ。

一方、下宿人のラスチニャックは、上流社会に憧れを抱く貧乏学生だ。彼は実家からの仕送りで身なりを整え、上流社会に溶け込もうと奮闘していた。そんな彼に危険な話を持ち掛けるのは、同じく下宿人のヴォートランだった。ヴォートランはとある資産家の財産を手に入れるための殺害計画を練っていた。ラスチニャックは断りつつも、彼の強欲な人生哲学に衝撃を受けていた。

やがてラスチニャックはゴリオとの交流を深め、同時に社交界で出会ったゴリオの長女デルフィーヌに恋心を抱く。デルフィーヌは貴族の夫に財産を握られていて、不自由な生活を強いられていた。それを伝え聞いたゴリオは悲しみ、ラスチニャックと娘の関係を応援するようになる。

しかし、その後も2人の娘はゴリオに金を無心し続けた。ゴリオはその要求に応えるため、自らの年金の権利をも売り飛ばす。いよいよ財産が尽きようとするなか、金の無心で鉢合わせた娘ふたりが、ゴリオの前で口汚く罵り合いをはじめる。ゴリオは己の無力さに打ちひしがれ、病床に伏せてしまった。

ラスチニャックはデルフィーヌたちにゴリオを見舞うよう勧めるが、彼女たちは理由をつけて断り、ゴリオは怒りに震えながら息絶える。ラスチニャックはゴリオの埋葬に立ち会ったあと、深い悲哀を感じつつも再び上流社会進出を胸に誓うのだった。

『ゴリオ爺さん』
新潮文庫刊

作品の背景

貴族制の復活と産業革命による富裕層の誕生。社会的地位に変化が生まれた時代のフランスにおいて、本作は出版された。

本作の特徴のひとつとして挙げられるのは「登場人物の再登場」だ。バルザックは過去の小説の登場人物を別作品に再登場させる手法を好み、本作はその再登場を採用した初めての作品である。なお、初版のときは約20人が再登場していたが、改訂を重ねた結果、最終的に50人近くが過去作から本作への再登場を果たすこととなった。

こんな作品もオススメ

『谷間の百合』

貴族の青年フェリックスは、モルソフ伯爵の夫人アンリエットに恋心を抱く。彼女は癇癪持ちの夫と病弱な子どもを抱える苦労人だった。そんな彼女を支えるうちに、アンリエットはフェリックスに心を開くようになる。彼女は手紙を通じて、未熟なフェリックスに助言を送った。社交界での振る舞い、パリで生き延びる処世術、商売で成功する方法……その甲斐あって、彼は立派な貴族へと成長を遂げていく。一方、癇癪を悪化させるモルソフ伯爵に対し、彼女は日に日にやつれていった。救おうと手を差し伸べても、彼女は決して受け入れない。結局、アンリエットは命を落とし、フェリックスは政治の道で生きる決心を固める。

スタンダール

イタリアを愛したフランス人

ナンパな軍人

兵役に就いていたにも関わらず、馬に乗ることも剣を振るうこともできず、女遊びや観劇に夢中だったと伝えられている。

官僚としては優秀

ナポレオンが没落するまでは陸軍で順調にキャリアを積んだ。作家として活躍後も、政界に呼び戻されて領事を歴任している。

生没年

1783年1月23日～
1842年3月23日

出身地

フランス
グルノーブル

スタンダールといふ人物

幼い頃に亡くした母を偏愛し、その気持ちは生涯変わらなかった。その反動から父を憎み、ロマンチストの共和主義者となる。祖国であるフランスも父を連想するために好きになれず、イタリアを第二の故郷とした。

ぷろふぃーる

本名はアンリ・ベール。弁護士の父を持ち、地方の名士の家庭に生まれる。ナポレオン遠征軍に参加していた時代にミラノに入城し、イタリアに強い憧れを抱くようになる。退役後、フリーのジャーナリストとして活動。イタリアに渡ったが、フランスのスパイという噂が広まり、帰国を余儀なくされる。1822年、ミラノでの恋愛体験をもとにした『恋愛論』を発表。また、強い意志と情熱に満ちた若者を描いた『赤と黒』や『パルムの僧院』を上梓し、ロマン主義とリアリズムにまたがる近代文学の先駆となったが、その評価は彼の死後のことだった。

イラスト by. サキコ

平民の青年の愛と野心

『赤と黒』

フランスの片田舎、貧しい家庭に生まれたジュリアン・ソレル。彼は庶民から立身出世を果たすという野心を抱き、家の手伝いの合間を縫って勉学に勤しんでいた。

そんなある日、ジュリアンは頭の良さを認められ、レナール町長の子どもの家庭教師に雇われる。町長の家に通ううちに、町長の妻であるレナール夫人からアプローチを受けたジュリアン。彼は「処世術の経験」程度のつもりで愛人関係になるが、いつしか真剣に彼女を愛するようになる。

ところが、ふたりの関係は町中に広まってしまい大騒動に。ジュリアンは逃げるように神学校へと入学する。信仰心の薄い彼は、校長から聖職者には向いていないと判断されるが、その才能を買われてパリの貴族、ラ・モール侯爵の秘書に推薦された。

ラ・モール家令嬢のマチルドは彼を見下していたが、やがて周囲の貴族とは異なる雰囲気と才能を持つジュリアンに惹かれていく。一方、ジュリアンは彼女を出世の道具と見ていたが、彼自身も彼女に夢中になってしまう。

その後、マチルドが彼の子を身籠もったことをきっかけに、ラ・モール侯爵はレナール夫人のもとにジュリアンの身元照会を要求する。しかし、レナール夫人から送られてきた手紙は「ジュリアン・ソレルは両家の妻や娘を誘惑して出世の踏み台にしている」との内容だった。結局、激怒した侯爵によってふたりの結婚は取り消されてしまう。

故郷に戻ったジュリアンは、レナール夫人を殺そうと試みるも失敗。捕らえられた結果、死刑判決を受ける。

その後、獄中で彼はレナール夫人がそそのかされて手紙を送ってしまったことを知り、いまでも夫人が自分を愛していることに気がついた。ジュリアンの危機を知ったマチルドが奔走するが、彼は罪を受け入れる覚悟を決めた。そしてジュリアンは顔色ひとつ変えることなく、断頭台で処刑されたのだった。

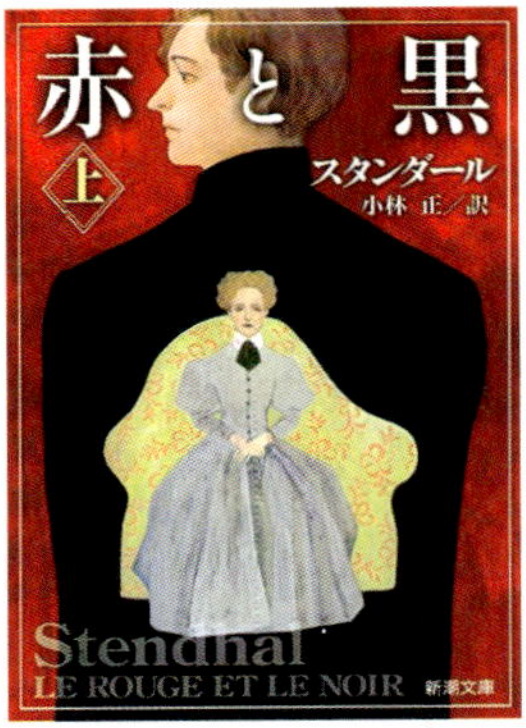

『赤と黒』
新潮文庫刊

作品の背景

『赤と黒』は、フランスで起きたベルテ事件とラファルグ事件、ふたつの事件をきっかけに執筆された。ベルテ事件は1827年、元神学生のベルテが家庭教師先の夫人を狙撃し、重傷を負わせた事件だ。一方、ラファルグ事件は1829年、建具屋の青年ラファルグが浮気相手を射殺し、自身も自殺をはかったが失敗。裁判で死刑を免れて禁固刑になったというもの。スタンダールは、このふたりの庶民に上流階級を打ち破る力を感じ、本作を執筆したという。

こんな作品もオススメ

『パルムの僧院』

イタリア人貴族の青年ファブリスは、些細な事件で殺人を犯し、ファルネーゼ塔に幽閉された。ここで彼は監獄の長官の娘クレリヤと出会い、ふたりは恋に落ちる。叔母のジーナは、彼を脱獄させようとするが、クレリヤと離れたくないと固持。しかし、クレリヤもジーナに協力して彼を脱獄させたあと、ふたりは離れ離れとなる。その後、クレリヤは富豪と結婚させられるが、ファブリスは彼女を連れ出すことに成功する。しかし、この過程でクレリヤと富豪のあいだに生まれた子どもが亡くなり、クレリヤは自責の念に苦しんだ末に命を落とす。恋人を失ったファブリスは、すべての財産と地位を捨て、パルムの僧院へ隠遁する。

シェイクスピア

別人説も囁かれる謎多き劇作家

言語学上の価値アリ

16世紀末から17世紀初頭にかけて膨大な著作を残したことから、作品は初期近代英語を知る上での貴重な言語学的資料でもある。

18歳でデキ婚

1582年、18歳のときに26歳の女性と〝できちゃった婚〟。さらに長女が生まれた直後に双子を仕込み、20歳にして3児の父となった。

生没年

1564年4月26日〜
1616年4月23日

出身地

イングランド
ストラトフォード・
アポン・エイヴォン

シェイクスピアといふ人物

シェイクスピア自身に関する資料はきわめて少なく、日記や自筆原稿は残っていない。このため、一部ではシェイクスピアという作家名義は「別人の筆名」や「一座の劇作家が共有した筆名」といった別人説が囁かれる。

ぷろふぃーる

1564年、イングランド王国ストラトフォード・アポン・エイヴォンで生まれる。正確な誕生日は不明だが、同年4月26日に洗礼を受けた記録が残されている。16世紀末、ロンドンへ進出して演劇の世界へ。俳優として活動する一方、脚本も手掛けるようになり、1600年までに『ヘンリー六世』『リチャード三世』『ヴェニスの商人』『ロミオとジュリエット』などを執筆。史劇や喜劇が多かったが、1600年代初頭に『ハムレット』『マクベス』『オセロ』『リア王』の四大悲劇を発表。卓抜した心理描写で最も優れた英文学作家とも称される。

イラスト by. 汐街コナ

シェイクスピア四大悲劇のひとつ

読んだ気になる代表作ガイド

『ハムレット』

デンマーク王が急死し、あとを継いだのは国王の弟クローディアスだった。彼は夫に先立たれた王妃と結婚し、デンマークの王座に就くこととなった。

父の死と母の再婚、急激な環境の変化に動揺したのは、王子ハムレットである。そんなある晩、ハムレットのもとに父の亡霊が現れた。亡き父によれば、彼は実弟であるクローディアスに毒殺されたのだという。

復讐を誓ったハムレットは、次の日から狂気を装ってクローディアスを油断させる作戦に出た。そして、王宮の広間で行われた芝居で決定的な証拠を得る。ハムレットは芝居の内容に指示を出し、亡霊から聞いた毒殺の場面を演じさせていた。クローディアスは動揺し、演目中に席を離れる。叔父の犯行を確信したハムレットは、王妃の居間で母を罵った。そして、奥に潜んでいた人物を王と疑わずに刺し殺す。しかし、刺した相手はクローディアスではなかった。それは、ハムレットの恋人オフィーリアの父であり、彼の動向を探っていた宰相ポローニアスだったのだ。

身の危険を感じたクローディアスは、ハムレットをイギリスへと送り、暗殺を企むも失敗に終わる。無事に帰国したハムレットだったが、オフィーリアが亡くなったことを聞かされた。恋人に父を殺された彼女は、心を壊した末に川で溺死したのだ。墓地に向かうと、そこにいたのは彼女の兄レアティーズだった。父と妹の仇に会ったレアティーズはハムレットと掴み合いになるが、これを仲裁したのはクローディアスだった。

後日、王の計略により、ハムレットとレアティーズは剣術試合を行うこととなった。毒が塗られたレアティーズの剣がハムレットを突き刺すが、剣を奪ったハムレットが刺し返す。そして、残る力を振り絞ってクローディアスをも刺し殺した。毒が回り、死を覚悟したハムレットは、親友に今回の出来事を語り継ぐように言い残し、息絶えるのだった。

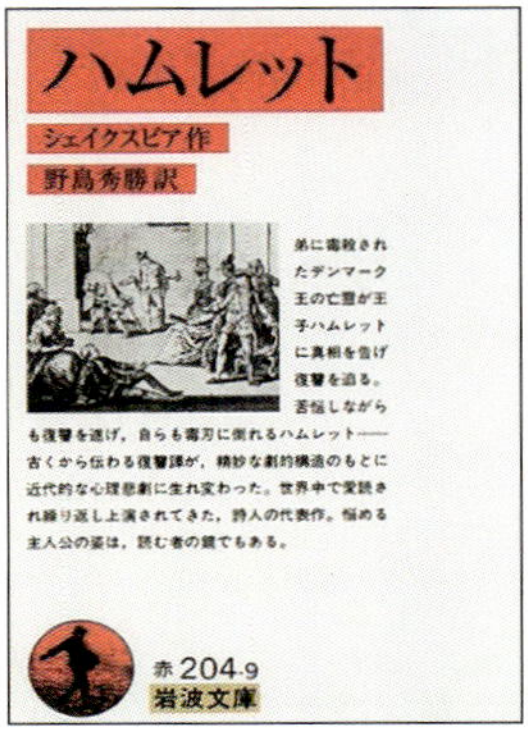

『ハムレット』
岩波文庫刊

作品の背景

シェイクスピアの戯曲のなかで最も長い作品で、1600年に発表されたと言われている。作品のモデルとなったのは、12世紀末にデンマークの歴史家サクソ・グラマティクスが執筆した『デンマーク人の事績』と思われる。同書はデンマーク王子「アムレート」が主人公の物語で、3巻から4巻で語られる物語が『ハムレット』と酷似しており、ハムレット（Hamlet）の名はアムレート（Amleth）のアナグラムだと考えられている。

こんな作品もオススメ

『ロミオとジュリエット』

14世紀イタリアの都市ヴェローナ。教皇派のモンタギュー家と皇帝派のキャピュレット家は、長年にわたる抗争関係にあった。あるとき、モンタギュー家のひとり息子ロミオは、キャピュレット家のひとり娘ジュリエットと恋に落ちる。しかしその直後、抗争に巻き込まれたロミオはジュリエットの従兄弟ティボルトを殺してしまう。ロミオがヴェローナから追放され、悲しみに暮れるジュリエット。見かねた修道士ロレンスは、ふたりの駆け落ちを計画するが、不運な行き違いからロミオとジュリエットは命を落としてしまう。ふたりの死の真相を知った両家は自分たちの愚かさを知り、ついに和解するのだった。

ディケンズ

一般大衆に支持された人気作家

ムラが多い!?

ディケンズは高く評価される一方で、多作家であることから作品ごとに出来映えにムラがあり、芸術至上主義からは批判を受けた。

世界初の推理小説

エドガー・アラン・ポーよりも数ヵ月早く『バーナビー・ラッジ』を発表し、同作を世界初の推理小説とする見方もある。

生没年

1812年2月7日〜
1870年6月9日

出身地

イングランド
ハンプシャー州

ディケンズといふ人物

子供時代の貧乏経験から、労働者階級に同情して感傷的になることもあった。しかし楽観的な性格で、初期の作品にはユーモアが感じられる。一方、体調を崩した晩年は悲観的な作品が目立った。

ぷろふぃーる

ポーツマス郊外の下級官吏の家に生まれる。家が貧しかったため、10歳から働きに出されるが、独学で勉強を続けて新聞記者になる。1833年、「ボズ」というペンネームで投稿したエッセイが『マンスリー・マガジン』に掲載される。その後も新聞記者を続けながら投稿を続け、1836年に『ボズのスケッチ集』として書籍化されたことで作家としてのキャリアをスタートさせた。長編小説『オリバー・ツイスト』で文名を高めたのち、『クリスマス・キャロル』『ニコラス・ニクルビー』『骨董屋』などを発表。1870年、脳卒中により58歳で死去。

イラスト by. 白鴇

クリスマス・ストーリーの定番

読んだ気になる代表作ガイド

『クリスマス・キャロル』

ロンドンでスクルージ&マーレイ商会を経営する初老の商人エベネーザ・スクルージは、冷血な守銭奴として有名。取引先はおろか、隣人からも嫌われていた。

クリスマス・イブの夜、スクルージは7年前に亡くなった共同経営者マーレイの亡霊に出会う。マーレイは彼と同じ守銭奴だったが、生前の悪行から死後に苦しんでいるという。そして、スクルージが同じ運命を辿らないようにするため、今後3人の精霊が彼の前に現れると告げた。マーレイの言葉通り、その後、スクルージの前に精霊が相次いで現れた。

1人目の精霊は「過去の幽霊」を名乗り、若い頃のスクルージの様子を見せる。過去の彼は、物欲や金銭欲とは無縁の素朴な青年だった。自分の過去に耐えられなくなると、精霊は姿を消してしまった。

2人目の精霊は「現在の幽霊」を名乗り、貧しくも明るく生きる甥の家庭を見せた。友人との食事に興じる甥は「スクルージ叔父さんを気の毒に思う」と語っていた。また、甥孫が長く生きられない事実を知ってうろたえるが、精霊は「余分な人口が減ってちょうどいい」と言い放つ。この言葉は、かつてスクルージが寄付を求めてきた紳士に対して発した言葉だった。

そして3人目の精霊は「未来の幽霊」を名乗り、ロンドン庶民の様子を見せた。どうやら評判の悪い男が死んだようで、その死体に向かって人々は罵っていた。この死体が自分なのではと慌てたスクルージだが、精霊は何も答えず、荒れ果てた墓場に立つ甥孫の墓とスクルージの墓を見せた。

クリスマスの朝、目を覚ました彼はマーレイと精霊たちに感謝と改心の誓いを述べた。甥一家にご馳走を振る舞い、かつて寄付を断った紳士に寄付を申し出る。その後、人が変わったように善行を積んだスクルージは、ロンドンで一番クリスマスの楽しみ方を知っている人と呼ばれるようになった。

『クリスマス・キャロル』
新潮文庫刊

作品の背景

守銭奴が不思議な体験を通じて改心する。分かりやすいストーリーで幅広い読者を獲得したディケンズ中期の代表作。クリスマス・ストーリーとして最も有名な作品のひとつとなり、1951年に映画化されたあとも幾度となくリメイクされ、登場人物をディズニーキャラクターへと代えたアニメ映画も製作された。

なお本作を発表後、ディケンズはクリスマス・ブックスと銘打ち、以後、毎年クリスマス関連作品を発表していた。

こんな作品もオススメ

『二都物語』

18世紀フランス、医師の娘ルーシーは、父アレクサンドル・マネットがバスティーユ牢獄から解放されたことを知り、イギリスに連れ帰る。イギリスへの帰途、ルーシーはフランスの亡命貴族チャールズに出会う。彼はスパイ容疑で裁判にかけられるが、ルーシーとマネット医師の証言、そしてチャールズと瓜二つの弁護士カートンによって助かる。

その後、チャールズとカートン、ふたりから求愛されたルーシーは、チャールズと結ばれる。しかし、チャールズは父や叔父が犯した罪の責任を負わされ、死刑を宣告されてしまう。ルーシーを悲しませないため、カートンはチャールズと入れ替わり、断頭台で処刑されるのだった。

ゲーテ

ドイツ古典主義の象徴

シューベルトとの関係

ゲーテの詩に、多くの作曲家が曲を書いたが、なかでもシューベルトは『魔王』『野ばら』『ガニュメート』など70曲を残した。

最期の言葉

死に際の名言「もっと光を」は、実は「格子戸を開けてくれ」という意味だったとの説もあるが、それ自体も信憑性が低い。

生没年

1749年8月28日～
1832年3月22日

出身地

ドイツ
フランクフルト

ゲーテといふ人物

自身の恋愛が影響する作品も多いが、シャルロッテ・ブッフとシャルロッテ・フォン・シュタイン、ふたりのシャルロッテの影響が強い。ブッフからは『若きウェルテルの悩み』、シュタインからは『タッソー』などが生まれた。

ぷろふぃーる

親の意向により、ライプツィヒ大学で法律を学び、弁護士となる。1774年、ヴェッツラー在住時代の恋愛を題材とした『若きウェルテルの悩み』を発表し、一躍その名をとどろかせる。その後も精力的に創作活動に取り組み、小説『ヴィルヘルム・マイスターの修業時代』『親和力』、戯曲『エグモント』『トルクワト・タッソー』『ファウスト』、詩集『ヘルマンとドロテーア』『西東詩集』などを発表。なかでも名作『ファウスト』は着想から60年の歳月を費やしたのち、1831年に完成させた。翌1832年に82歳で永眠した。

イラスト by. まつゆき杏

影響を受けて自殺者が続出

読んだ気になる代表作ガイド

『若きウェルテルの悩み』―

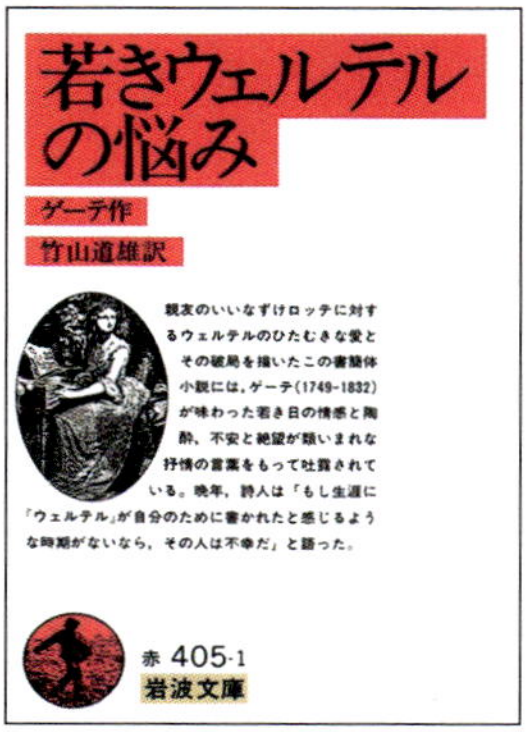

『若きウェルテルの悩み』
岩波文庫刊

ロマンチストな青年ウェルテルは、あるとき舞踏会で出会った法官の娘シャルロッテに恋をする。彼女には婚約者がいたが、気持ちを抑えられないウェルテルは彼女のもとをたびたび訪れ、交流を深めていく。シャルロッテもまた聡明なウェルテルに対し、憎からず思っていた。

しかし、彼女との仲が深まっていくほど、彼は婚約者アルベルトの存在に苦しむこととなる。アルベルトは非の打ち所のない青年で、誰が見てもシャルロッテに相応しい人物だった。苦しみぬいた末、ウェルテルは逃げるように街を去ることを選ぶ。

新たな土地に移ったウェルテルは官職に就き、公務に没頭した。しかし、卑俗な同僚に耐えられず退官すると、数ヵ月の放浪を経て、再びシャルロッテが暮らす街へ戻ることにした。だが、すでにシャルロッテとアルベルトは結婚しており、彼女への好意を隠さないウェルテルにふたりは当惑していた。

そんなある日、ウェルテルの知人の男が殺人を犯す。未亡人を愛していたその男は、恋敵を殺してしまったのだ。男は連行されるとき、ウェルテルに「あの人には誰にも手をつけさせない」と語る。

この言葉に強い感動を覚えたウェルテルは、自らの境遇と重ね合わせ、男の弁護をしようとする。しかし、シャルロッテの父である法官に一蹴されてしまう。

あらゆることに希望を失ったウェルテルは、自殺を決意し、アルベルトに拳銃を借りる。その様子を眺めていたシャルロッテは、事情を察して驚くが、夫の前では何も言えずに傍観するしかなかった。

その後、ウェルテルはその拳銃がシャルロッテも触れたものであることに対する感謝を遺書に綴り、深夜12時の鐘を待って自らの命を絶った。

後日、ウェルテルの葬儀が開かれたが、心を痛めたシャルロッテは出席できなかった。

作品の背景

本作はゲーテの実体験がモデルとなっている。1771年、ドイツのヴェッツラーに移り住んだ彼は、舞踏会でシャルロッテ・ブッフと恋に落ちた。しかし、彼女には婚約者がおり、恋心を抱えたまま故郷に戻った。また、殺人を犯した男にもモデルがおり、彼の友人は人妻への恋に苦悩して拳銃で自殺している。こうした体験から、彼は1774年に本作を完成させた。なお本作のウェルテルに影響を受けて自殺する若者が増えるという社会問題も起こった。

こんな作品もオススメ

『ファウスト』

悪魔メフィストと出会ったファウストは、死後の魂の服従を交換条件に、現世で充実した体験を得るという契約を交わした。メフィストを利用して町娘のグレートヒェンと恋仲になるが、彼女はファウストの子どもを出産したあと、赤子を持て余して殺してしまう。赤子殺しで投獄された彼女を救おうと奔走するが、彼女は脱獄を拒否し、ふたりは悲しみに暮れたまま別れる。

その後、ギリシャ神話の世界を訪れたり、皇帝に仕えて国家に貢献したりするなど、さまざまな体験をするファウスト。いよいよ彼の命が尽きようとしたとき、かつての恋人グレートヒェンが聖母に祈りを捧げたことで、彼の魂は救済されるのだった。

ヘルマン・ヘッセ

ドイツ文学を代表する作家

悩み多き青年

15 歳の頃自殺未遂を図る。これにより 4 ヵ月間療養施設に滞在。当時の診断結果は鬱病だった。この頃の体験は後の作品の核となる。

筆まめ

著名人・一般人を問わず、様々な相手と文通をしていたことで知られる。相手先は 100 カ国以上、手元に 4 万通以上を保存していた。

生没年

1877 年 7 月 2 日〜
1962 年 8 月 9 日

出身地

ドイツ
カルフ

ヘルマン・ヘッセといふ人物

小説だけでなく、詩や水彩画の分野でも創作活動を行っており、詩文にも著作がある。敬虔なプロテスタントの家庭に育ったが、少年期からヒンドゥー教や仏教・アジア文学にも親しんでいた。

ぷろふぃーる

バルト・ドイツ人の家系に生まれる。難関校に合格するなど秀才であったが、脱走・退学を経て様々な職を転々とする。働きながら作品を発表していくうち、第一次世界大戦の影響下で執筆された『デミアン』を機に作風が一変。それまで牧歌的な作品が中心だったのに対し、作中で深い精神世界を描くようになる。ドイツにヒトラー政権が誕生すると、スイスへ移住。第二次大戦後の 1946 年にはゲーテ賞、ノーベル文学賞を相次いで受賞する。人生の半分以上を過ごしたスイス・モンタニョーラの自宅で 1962 年没。当地には「ヘッセ博物館」が建てられている。

イラスト by. 佐々子

『車輪の下』はBL《ボーイズラブ》の祖!?

読んだ気になる代表作ガイド

『車輪の下』

田舎町出身の純粋な少年であるハンスは、優秀な頭脳の持ち主。商人である父や学校教師からの期待を背負い、他の子どもたちのように子どもらしい遊びをすることもなく、一心に勉学に励んだ。そんなハンスを案じていたのは、靴屋のフランク叔父のみだった。

かけがえのない少年時代を勉学に捧げたハンスは、周囲の期待通りにエリート養成学校である神学校に入学する。しかし、待っていたのは規律に縛られた味気のない毎日だった。そんな折、ある生徒が溺死してしまうというショッキングな出来事が起こり、神学校の友人たちともふれあう中で、ハンスは勉学にのみ勤しんできた自己に疑問を持つようになる。

『車輪の下』
集英社文庫刊

飄々とした友人ハイルナーは、寮内で浮いた存在だったが「もう最初の日から、彼が詩人であり洗練された知性の持ち主であることがわかった」と作中で語られるほど、ハンスにとって印象的な人物。喧嘩がもとで監禁の懲罰を受けるなど、神学校との軋轢や友人からの孤立が顕著となったが、自分の価値観を持っているハイルナーは、神学校に未練もなく、いち早く退学を決断する。ハイルナーとの交流によって感化され、また神学校の規律の厳しさに反抗心を募らせるハンスは、教師や友人たちと対立、成績も落ちていったことからまもなく神経衰弱となり、とうとう学校を辞めてしまう。

故郷に帰り機械工見習いとして出直そうとするハンスだったが、周囲の期待を裏切る形での帰郷に、町の人々の視線は冷ややかだった。

田舎暮らしに馴染めないながらも、初恋の相手であるフランク叔父の姪エンマとの淡い恋や、これまで経験することのなかった労働の辛さを知るハンス。ある日同僚に誘われた場で、ハンスは慣れない酒に酔う。父は言いつけた門限に帰宅しないハンスに苛立つが、その頃彼は川に落ち、冷たく静かになったまま、帰らぬ人となるのだった。

作品の背景

ヘッセ自身の少年期に、アイデンティティを真摯に求めた結果、不眠症・ノイローゼに悩まされた時期がある。神学校を退学後、療養施設に入り一般の学校へ転校。ここでも自己に対する悩みは深まり、結果退学。その後に勤めた書店は三日で失踪している。こういった経験を下敷きに『車輪の下』を執筆している事から、本作を自伝的小説と見る向きもある。題名の「車輪」は、主人公の少年を押しつぶす社会の仕組みを表現したもの。

こんな作品もオススメ

『デミアン』

10歳のラテン語学生、シンクレールは、明るい世界と闇の世界との狭間にいた。あるとき、13歳のクローマーによって闇の世界に引きずり込まれてしまうが、その時にシンクレールを救ったのがデミアンだった。デミアンは「しるし」を持つカインの話をシンクレールに聞かせる。やがてシンクレールは高等中学校、大学へと進学し、デミアンと再会する。現在のような世界は終わりを告げる運命にあり、私たちのような「しるし」を持つものが、新たな人類の発展へ向けて用意する必要がある事を説かれる。戦争がはじまり、シンクレールは戦場へ赴いた。そこでの経験は、世界の終わり、そして始まりを感じさせるものだった。

実存主義文学のパイオニア
フランツ・カフカ

３度の婚約破棄

20代後半に懇意になったフェリーツェと２度、後にユーリエという女性とも婚約をしているが、こちらも破棄。生涯独身であった。

安全ヘルメットの父

保険の仕事で工事現場行く際カフカは、ヘルメットを被った。これが現在、世界中の工事現場で着用される安全ヘルメット発案の元に。

生没年

1883年7月3日〜
1924年6月3日

出身地

チェコ
プラハ

フランツ・カフカといふ人物

20世紀を代表する作家との声も多いが、膨大な量の手紙を書き残した事でも知られており、便箋100枚にも及ぶ「父への手紙」はその象徴。婚約者フェリーツェにも500通に及ぶ手紙を綴っている。

ぷろふぃーる

チェコ語を母語とする父と、ドイツ語を話す名家出身の母のもとに生まれる。ユダヤ人。学生時代より様々な文学作品を耽読し、大学卒業後は働きながら多くの時間を執筆に費やす。保険会社に就職後も執筆を続ける。40歳で亡くなるまでに７つの作品集を出版する。『火夫』『変身』などは増刷のかかる売れ行きであったが、生前の評価は高いとは言えなかった。現在のような世界的評価は、没後友人マックス・ブロートにより『審判』『城』などが発表され、実存主義的な見方やあらゆる視点から注目されたことによる。

イラスト by. トミダトモミ

自身の葛藤を作品に投影

読んだ気になる代表作ガイド

『変身』

　ある朝目を覚ますとグレーゴル・ザムザは自分が毒虫に変身していることに気づいた。母や妹は部屋から出ない彼を心配し、部屋の外から声をかけるが毒虫と化したザムザはベッドから出るのも一苦労。己の身体を動かすのに四苦八苦しながら、いかにベッドから這い出るかを葛藤する。そしてベッドから出るという段で、会社の支配人が来てザムザの遅刻を叱責する。支配人とのやりとりの後、ついに扉が開かれ毒虫の姿が露わになる。その姿に動揺する皆を尻目に、ザムザは仕事に行く準備をしてみせるが支配人は虫を部屋に追い返そうとする。ザムザは部屋に戻りドアが閉められる。こうして虫になったザムザと家族の、静かな、けれど壮絶な日々が始まる。

　ザムザは家族にいかに迷惑をかけないかを考える。とにかく大人しくしてこれ以上家族に不愉快な思いをさせないことを決意する。ザムザには妹が食事を与えにやってきたが、妹が来るわずかな間でさえ彼女の目に入らないようソファに隠れる努力をした。ザムザは将来のことを気に病みながらも、家族への想い、申し訳なさを募らせる。虫になり日が経ったある日、ザムザが動きやすいようにと妹と母親が家具を運ぼうとした際にザムザは部屋の外に出てしまう。このことが父の逆鱗に触れ、リンゴを投げられ背中に重い傷を負ってしまう。

　リンゴを体にめり込ませたまま衰弱してゆくザムザ。彼は昼も夜もほとんど眠らずに過ごす。再び仕事をして家族の面倒をみることを夢想しながら、恋の思い出に浸りながら彼は確実に衰弱してゆく。ある時、妹が間借り人の前でバイオリンを弾くことになり事件が起きる。バイオリンの音につられ這い出してきたザムザに対し間借り人は激怒、妹はついにザムザを人と認めず追い出すことを提案する。そしてその夜、未だ家族への愛を抱きながらザムザは絶命し、家族に穏やかな日々が訪れることとなった。

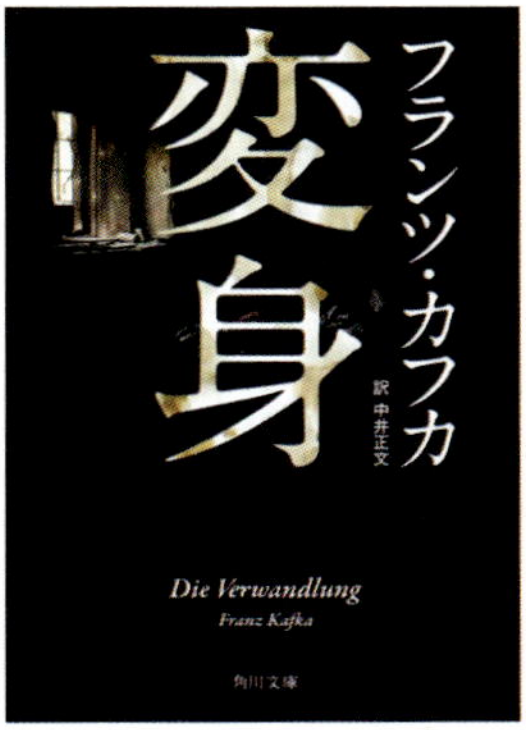

『変身』
角川文庫刊

作品の背景

　毒虫と化したザムザの苦悩を描いた作品は、不条理小説の最高峰。虫としての挙動が描かれるが、心理描写も実に多い。ザムザは虫になったことに疑問を感じないが仕事への愚痴を並べ、家族を養えない状況を呪う。これは職を棄て小説家になりたかった、けれどなれなかったカフカその人の投影。カフカは小説家として成功することはなかった。生きていかなくてはならない現実世界と、没頭したい自己世界との狭間で葛藤する様子が作品に滲み出ている。

こんな作品もオススメ

『審判』

　ある朝ヨーゼフ・Kは逮捕される。心当たりは何一つない。混乱しながらも、人間関係や面目を気にするK。何度も行われる審理や、弁護士とのやりとりはいずれも要領を得ず、Kはより苦悩を強めてゆく。31歳の誕生日の前夜、採掘場に連れ出され、Kはついに処刑される。

『城』

　「城」から仕事を依頼されたという測量士K。雪深い村に到着した彼に城から連絡が届くことはない。そのうえ村人は誰一人城への行き方を教えてくれない。Kはその土地でさまざまな人々と関わるが人間関係はややこしいものばかり。そして最後まで城にたどり着くことはできない。

実はミステリーだけじゃない！

エドガー・アラン・ポー

酒とギャンブルにハマるダメ男？

大学時代にはギャンブルにハマり借金を負ったポー。また、再婚時には禁酒を条件に出されるが止められなかった。実はダメ男？

実はロリコン？

26歳のときに従妹であったヴァージニアと結婚したポー。しかし、彼女は当時13歳になったばかりの少女だった！

生没年

1809年1月19日〜
1849年10月7日

出身地

アメリカ
ボストン

エドガー・アラン・ポーといふ人物

小説家であり、詩人であり、雑誌編集者。文筆業で身を立てようと奮闘したが、生活は常に困窮状態のまま1849年に死亡。病気説、伝染病説、アルコール中毒説などが噂されるが、その死因は謎のまま。

ぷろふぃーる

マサチューセッツ州ボストン生まれ。女優のエリザベス・ポーと俳優のデイヴィッド・ポーの間に次男として生を受ける。雑誌編集に携わりながら自身の詩や短編作品を発表。『大鴉』はフランス象徴派へ、『モルグ街の殺人』はミステリーへ、『ハンス・プファールの無類の冒険』はＳＦへと、その後の文芸界に多方面で影響を及ぼした。日本でもさかんに翻訳され、森鷗外、谷崎潤一郎、萩原朔太郎、佐藤春夫、芥川龍之介などに影響が見られる。また、推理小説作家、江戸川乱歩のペンネームが、ポーから取られたことはあまりにも有名な話。

イラスト by. 佐々子

ホームズ&ワトソンの原型!

読んだ気になる代表作ガイド

『モルグ街の殺人』

パリに長期滞在していた「私」は、ある日、モンマルトルの図書館でC・オーギュスト・デュパンという、没落した名家の血を引く貧乏青年と出会った。貧しい身なりの反面、デュパンは読書家で観察力、洞察力、さらには分析力にも優れており「私」の考えていることをズバズバと言い当てた。そんなデュパンに興味を抱いた「私」は彼と共同生活を始めたのだが……。

ある日、猟奇殺人の新聞記事が私たちの目に留まった。「モルグ街」のアパートメントの4階で、ふたり暮らしの母娘が惨殺されたのだ。娘は絞殺された上で暖炉の煙突に逆立ち状態で詰め込まれ、裏庭で発見された母親は首をかき切られて胴から頭が取れかかっていたという残酷な殺人事件だった。

記事によると、部屋の中はひどく荒らされていたにも関わらず金品を奪われた形跡はなく、出入り口にはカギがかかった状態だった。また、事件当日に声を聞いたという証言が多数現れるが、ある者はスペイン語風、ある者はイタリア語のように聞こえたなどと証言が一致しなかったという。

すると、この事件に興味を抱いたデュパンが独自調査を提言。そこで、犯行現場に立ち入る許可を得て、一緒に出向いた私たちだったが、「私」は新聞発表以外の事実を見つけることができなかった。一方、デュパンは何かを見つけていた。彼は犯行現場を出て家に帰ると「私」に、現場に落ちていた動物のものらしき毛を見せて推論を語り出した。

デュパンが出した結論は「犯人はオランウータンである」という意外なものだった。殺害時刻に響き渡った何語か分からぬ声、金品に手がつけられていなかったこと、人間技とは思えぬ死体の状況、これらに物的証拠である毛を結びつけたのだ。

ほどなく、ひとりの船乗りが現れ、自分のオランウータンの犯行だと認め、事件は解決を迎えたのであった。

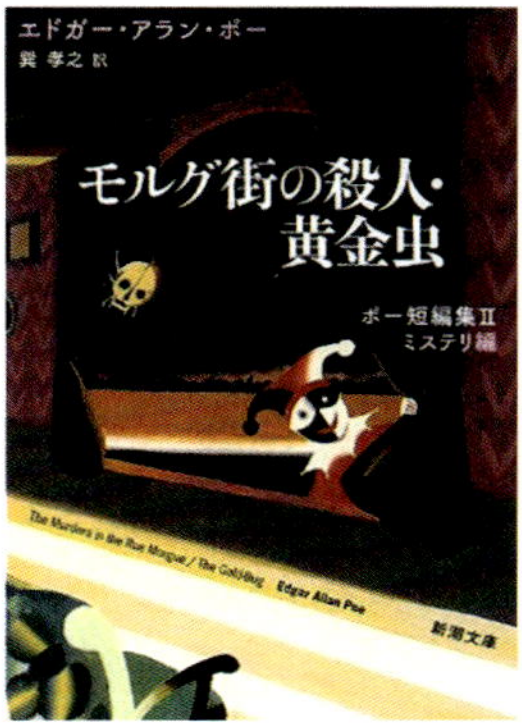

『モルグ街の殺人・黄金虫』
新潮文庫刊

作品の背景

1841年に発表された『モルグ街の殺人』は「史上初の推理小説」と言われる作品であると同時に、密室殺人を題材にした最初の推理小説であるとも言われている。

また、非凡な「私」と名探偵ぶりを発揮するデュパンという登場人物の設定、さらに、推理を結末で披露し、意外な犯人を言い当てるという文章構成はその後の推理小説の原型になったとされ、コナン・ドイルを初めとする後世の推理作家に多大なる影響を与えることになる。

こんな作品もオススメ

『黒猫』

主人公は動物好きで、中でもプルートーと名付けた黒猫を可愛がっていた。しかし、酒に溺れたことでペットを虐待するようになった主人公。彼はある日、衝動的にプルートーの目をくり抜いてしまう。そしてついには、木に吊るして殺してしまい、良心の呵責に苛まれることになる。

その後、プルートーにそっくりな黒猫を見つけて家に連れて帰る主人公。しかし、黒猫の目がプルートーと同じ片目であることを知ると嫌悪感を感じ始めた。そして、再び手にかけようとしたとき、今度は止めに入った妻を殺してしまい、主人公は地下室のレンガに妻の死体を埋め込んで警察の目を逃れようとするのだが……。

マーク・トウェイン

冒険心をくすぐる娯楽小説の雄

ハレー彗星と縁あり

ハレー彗星の観測された年に誕生した彼は「ハレー彗星とともに自分は去る」と吹聴。言葉通り、次に彗星が現れた1910年に没した。

姪孫も小説家

トウェインの姪の娘（姪孫）はジーン・ウェブスターであり、彼女は『あしながおじさん』で知られる女性小説家である。

生没年

1835年11月30日～
1910年4月21日

出身地

アメリカ
フロリダ

マーク・トウェインといふ人物

『トム・ソーヤーの冒険』で巨万の富を得たが、浪費や見境なしの投資で財産を減らしていった。1894年、何度目かの投資の失敗が決定的となり破産。世界中で講演活動を行い、その収入で借金を返済した。

ぷろふぃーる

本名はサミュエル・ラングホーン・クレメンズ。ミズーリ州の判事を父に持ち、6人兄姉の5番目として生まれる。クレメンズ家は旧家だったが家計は厳しく、1847年に父は負債を抱えたまま死去。長男がはじめた新聞の出版業を手伝い、南北戦争後はネバダやサンフランシスコで新聞記者として働いていた。1869年には新聞で連載した旅行体験記が出版され、以後も長編旅行記を出版。1873年に発表した小説『金ぴか時代』が出世作となり、1876年の『トム・ソーヤーの冒険』で大ベストセラー作家の地位を確立した。

イラスト by. 唯奈

読んだ気になる代表作ガイド

『トム・ソーヤーの冒険』——

近所でも評判のやんちゃ坊主トム・ソーヤーは、両親を亡くして伯母ポリーの家で暮らしていた。厳しいポリーはトムに家の仕事を手伝うように言うが、トムは悪知恵を働かせてサボることばかり考えている。

いたずら好きのため、大人たちからは問題児と思われているが、遊び仲間からは人気者のトム。そんなトムの親友は「宿無しハック」ことハックルベリーだ。彼は町外れでホームレス同然に暮らしている少年だが、ふたりで大きな木の上に小屋をつくり、みんなの遊び場として共有していた。

あるとき、トムとハックは夜中に墓地に忍び込み、偶然にも殺人事件を目撃してしまう。犯人はならず者のインジャン・ジョー。しかし、警察に捕まったのは酒好きの老人マフ・ポッターだった。その日も酔っ払っていたマフ・ポッターは、記憶が曖昧なことを利用され、ジョーに犯人として仕立て上げられてしまったのだ。トムとハックは、真犯人がインジャン・ジョーだとばらしたら殺されると思い、黙っていようと考える。しかし、いざ裁判がはじまると、彼らは勇気を出して真犯人の名前を告白。マフ・ポッターは助かったものの、ジョーは行方をくらましてしまう。

その後、トムは学校の友人たちと洞窟に遊びに行った。しかし、トムと同級生の女の子ベッキーは、洞窟のなかでみんなとはぐれ、迷子になってしまう。不安に震えるなか、洞窟で見掛けたのはジョー。何とか逃げることに成功すると、洞窟を封鎖。出られなくなったジョーは餓死してしまう。

後日、トムはハックを連れて再び洞窟に忍び込む。実は以前、古屋敷を探検したときにジョーを見つけ、彼が大金をどこかに隠すと言っていたからだ。予想通り、洞窟内で大量の金貨を見つけ、大金持ちとなったふたり。はからずもハックは親切なダグラス夫人の養子となり、トムとともに学校へと通う日々がはじまったのだった。

『トム・ソーヤーの冒険』
新潮文庫刊

作品の背景

ミズーリ州の架空の街セント・ピーターズが舞台だが、そのモデルはトウェインが少年時代を過ごした同州のハンニバルである。作中に登場する洞窟や川中の島なども実在している。

また、作中のエピソードの多くもトウェイン自身や友人が実際に体験した出来事がもととなっていて、当時の地元の迷信もそのまま語られている。なお、主人公トム・ソーヤーは、彼の3人の友人を融合させて生まれたキャラクターである。

こんな作品もオススメ

『ハックルベリー・フィンの冒険』

ハックはダグラス夫人とその妹ワトソンの養子となったが、屋敷での息苦しい生活に不満を感じていた。そんななか、ハックが大金を手にしたと聞きつけたハックの父が、強引にハックを連れ去ってしまう。

何とか逃げ帰ってきたハックは、屋敷の使用人だった黒人ジムと再会。聞けば、ジムは南部に売られるかもしれないので、屋敷から逃げてきたという。ハックとジムは奴隷制を廃止している自由州を目指し、旅に出ることにした。道中、さまざまなトラブルに見舞われつつ、友情を深めていくハックとジム。そして、ワトソンの遺言によってジムが解放されることが分かると、晴れてジムは自由の身となる。

F・スコット・フィッツジェラルド

失われた世代の代表者

失われた世代

1920 ～ 30 年代に活躍したアメリカ作家の総称。大戦や恐慌により価値観が揺らぐ中、彼はその世代を代表する作家のひとりとされた。

酒に溺れた晩年

散財によって没落し、キャリアの後半は酒に溺れる日々だった。44 歳で早逝したが、その死因は酒で弱った末の心臓麻痺だった。

生没年

1896 年 9 月 24 日～
1940 年 12 月 21 日

出身地

アメリカ
セントポール

フィッツジェラルドといふ人物

1920 年代のジャズ・エイジを象徴する存在で、妻ゼルダとともに朝まで酒とダンスに明け暮れる日々を過ごす。しかし、彼の収入はその生活に見合う物ではなく、そのため実入りの良い短編ばかりを書いてばかりいた。

ぷろふぃーる

カトリックを信仰する両親のもとで育つ。1913 年、プリンストン大学へ進学し、のちに彼の編集者を務めることとなる生涯の友、エドマンド・ウィルソンと出会う。1917 年、アメリカが第一次世界大戦に参戦すると、大学を中退して陸軍に入隊。訓練中に小説『ロマンティック・エゴイスト』を執筆し、出版社に送るも刊行には至らなかった。終戦後の 1920 年、『ロマンティック・エゴイスト』を推敲した末に書き上げられた小説『楽園のこちら側』でデビュー。その後『美しく呪われし者』『グレート・ギャツビー』などを上梓した。

イラスト by. 猫屋くりこ

アメリカ文学の傑作

読んだ気になる代表作ガイド

『グレート・ギャツビー』

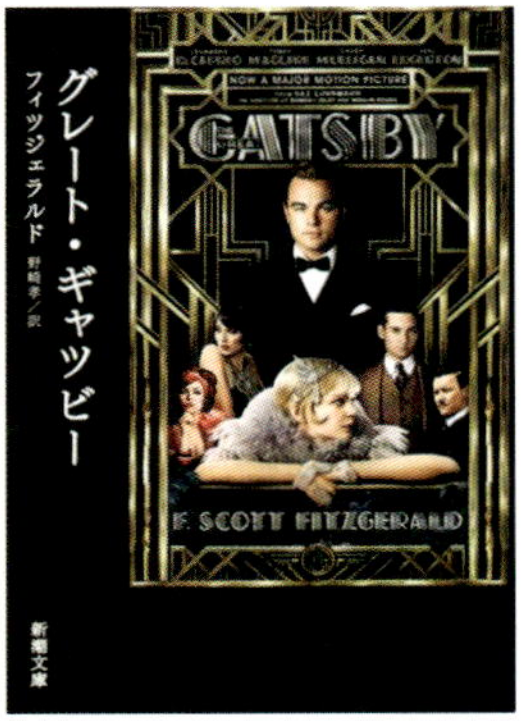

『グレート・ギャツビー』
新潮文庫刊

1922年、ニューヨークの証券会社に勤めるため、ニックは中西部からロングアイランドに引っ越した。隣に立つ大邸宅には、ギャツビーという富豪の男が住んでいる。週末になると、彼の家には着飾った男女が集まり、豪華なパーティーが開かれていた。

やがて、このパーティーに隣人であるニックも招待された。パーティーの出席者は、ギャツビーの過去を知らず、好き勝手な噂話をしている。しかし、少しずつギャツビーと交流するようになったニックは、彼の過去を本人の口から聞かされることとなった。

かつてギャツビーには恋人がいたが、第一次世界大戦に従軍するため別れてしまった。その彼女とは、偶然にもニックの親戚であるデイジーであり、彼女はニックたちの住宅から港を隔てた向こう岸で、夫のトムと暮らしている。ギャツビーは、帰還後に酒の密輸で富を得て、デイジーの家が見える場所に大邸宅を購入していたのだ。

現在、トムには愛人がおり、デイジーが幸せとは思えない。いまでもデイジーは自分を愛しているはずだと信じるギャツビーは、ニックを通じて彼女と再会を果たした。

ギャッツビーとデイジーの関係に気づいたトムは、デイジーを巡って彼と口論となる。ギャツビーは彼女との愛を主張するが、デイジーの態度は煮え切らない。その後、デイジーはギャツビーの車でドライブ中、偶然にもトムの愛人マートルをひき殺してしまう。デイジーをかばうためにギャツビーは身代わりを買って出た。しかしその結果、マートルの夫は妻を殺した人物をギャツビーだと勘違いし、ギャツビーは彼の銃弾によって命を落とすこととなった。

ギャツビーの死を知ったニックは彼の知人・友人に連絡を取るが、反応はなかった。デイジーは荷物をまとめ、トムとともに街から去ろうとしている。結局、彼の葬儀に参列したのはニックと彼の父親だけだった。

作品の背景

本作の語り部はニックであり、中西部に帰郷した彼が、ギャッツビーの物語を小説にするために回顧する…という設定だ。

フィッツジェラルド3作目となるこの長編小説は、発表当時はそれほど話題にならなかった。批評家からの評価は高かったが、彼の支持層である若い読者には受け入れられず、彼の生前に絶版になった時期もある。しかし、フィッツジェラルドの死後、本作は世紀の名作として再評価され、アメリカ文学を代表する作品のひとつとなった。

こんな作品もオススメ

『楽園のこちら側』

中西部出身の若者エイモリー・ブレインは、名門のプリンストン大学に入学。母の友人であるダーシー司教と交流を深め、イザベルと恋仲になるなど順風満帆な学生生活を送っていた。しかし、いつしかイザベルと心の距離が離れ、破局してしまう。その後、エイモリーは第一次世界大戦で軍隊に従事するため海外に送られた。終戦後、彼はニューヨークで社交界にデビューしたロザリンドに恋をする。しかし、ふたりの恋は長続きせず、彼女は裕福な男性と婚約してしまう。追い打ちをかけるように恩師ダーシー司教の訃報を知らされたエイモリーは「自分のことは分かっている。でもそれだけなんだ」と自嘲気味に呟くのだった。

アーネスト・ヘミングウェイ

壮絶な最期を遂げたアメリカの文豪

鬱で自殺

晩年、事故の後遺症から躁鬱に悩んだ。筆の進みも悪くなり、1961年にショットガンで自殺するという最期を迎えた。

無類の猫好き

譲り受けた猫の足の指が6本の多指症で、幸運を呼ぶ猫と称した。現在も彼の博物館で直系の猫が飼われ、多指症を受け継いでいる。

生没年

1899年7月21日～
1961年7月2日

出身地

アメリカ
オークパーク

アーネスト・ヘミングウェイといふ人物

母親が女児を希望していたため、彼は4歳頃まで女の子のような格好をさせられていた。大人になってからも母との関係は修復されず、母が亡くなったときにも葬儀の出席を拒否している。

ぷろふぃーる

シカゴ近郊に生まれる。医師の父が活動的な人物で、幼い頃から釣りや狩猟などを教えられて育つ。1918年、第一次世界大戦に赤十字要員として従軍し、重傷を負う。戦後、カナダのトロントでフリーの新聞記者として働き、1921年から特派員としてパリに移る。著作家ガートルード・スタインらと交流し、小説を書き始めた。パリで暮らした7年間で、『われらの時代』『日はまた昇る』『男だけの世界』などを刊行。その後、『武器よさらば』『キリマンジャロの雪』『老人と海』などを発表。1954年、ノーベル文学賞を受賞。

イラスト by. まつゆき杏

戦争と悲恋を描いた秀作

読んだ気になる代表作ガイド

『武器よさらば』

『武器よさらば』
新潮文庫刊

第一次世界大戦中のイタリア。アメリカ人のフレデリック・ヘンリーは自ら志願してイタリア軍に入った。

彼の任務は負傷した兵士の移動の指揮だった。そうした縁から、彼は医師のリナルディと仲良くなる。そんなある日、ヘンリーはリナルディから「美人の看護師がいるから会いに行こう」と誘われた。彼について行くと、そこにいたのはイギリス人女性の看護師キャサリン・バークレイだった。

キャサリンは幼馴染みの婚約者が兵隊になったため、看護師に志願して戦場にやってきたという。しかし、彼女の婚約者は戦死してしまった。

やがて、ヘンリーはキャサリンと親しくなり、恋仲のような関係となるが、互いに本気ではなかった。ヘンリーはお遊び程度の感覚であり、キャサリンは死んだ恋人を彼に重ね合わせていただけだった。

ところが、あるときヘンリーが負傷して病院に担ぎ込まれたことをきっかけに、ふたりは本気で愛し合うようになる。

やがてキャサリンが妊娠すると、戦争に嫌気が差していたヘンリーは、ふたりでどこかに逃げようと考える。イタリアとスイスにまたがるマッジョーレ湖畔で落ち合ったふたりは、官憲の追跡を逃れ、一晩かけてマッジョーレ湖をボートで渡り、国境を越えてスイスに辿り着いた。

ヘンリーとキャサリンは、山荘で冬を越してからローザンヌに移った。この頃になると、キャサリンのお腹もだいぶ大きくなり、出産が近づいていた。子どもが生まれたあとについて語り合うなど、新たな家族の誕生に幸せを感じるヘンリー。

しかし、神は残酷だった。難産によって赤子は死産。キャサリンも帝王切開による出血多量で帰らぬ人となった。

ふたりの死を知ったヘンリーは、雨に打たれながらひとりどこかへ立ち去っていった。

作品の背景

1929年に発表された長編小説。第一次世界大戦のイタリアを舞台としており、ヘミングウェイ自身の従軍経験が下敷きとなっている。

1918年、アメリカ軍の赤十字要員としてイタリア戦線に赴いた彼は、負傷してミラノの病院に入院。そこで出会ったのが、キャサリンのモデルとなった看護師のアグネス。彼はアグネスに恋をしたが、結局は結ばれずに終わる。しかし、このときの熱い体験が本作を生むこととなった。

こんな作品もオススメ

『老人と海』

キューバの老漁夫サンチャゴは、数ヵ月にわたる不漁にもめげず、小舟に乗ってひとりで沖合に出た。すると、残りわずかな餌に巨大なカジキが食い付いた。

サンチャゴは釣り糸を素手であやつり、カジキが弱るまで辛抱強く待ち続ける。4日間にわたる死闘の末、ついにカジキを仕留めたが、大きすぎて舟に引き上げられない。仕方なく舟の横にくくりつけたが、帰途でサメの群れに追われ、カジキはみるみるうちに食いちぎられていく。

ようやく漁港に辿り着いたとき、カジキは食い尽くされて巨大な骨だけが残されていた。サンチャゴは粗末な小屋に帰り、古新聞を敷いたベッドで眠りにつく。

L・M・モンゴメリ

複雑な家庭環境が「アン」を生んだ

名文の引用

シェイクスピアなどのイギリス文学、アメリカ文学、聖書などに精通し、自身の作品にも随所でこれらの詩や句が引用されている。

最期は自殺

死因は病死とされていたが、『赤毛のアン』原作誕生100周年の節目に、孫娘によって「うつ病による自殺」だったことが公表された。

生没年

1874年11月30日～
1942年4月24日

出身地

カナダ
プリンスエドワード島

モンゴメリといふ人物

2歳のときに母を亡くし、母方の祖父母のもとで育つ。その後、15歳で父と継母と暮らすが、継母とそりが合わずに祖父母のもとへ戻る。親子関係の希薄な環境に育ち、この少女時代はアンにも投影されたようだ。

ぷろふぃーる

15歳の頃、詩やエッセイが新聞に掲載され、作家を目指すようになる。大学では文学を学びつつ、卒業後は学校教師に。その後、新聞社勤務を経て短編作家になる。1908年、自身初の長編小説『赤毛のアン』を出版し、世界的なベストセラーに。以後も『アンの青春』をはじめとした「アン・シリーズ」を含め、生涯で20冊の小説と短編集を上梓。日本では1952年に『赤毛のアン』翻訳版が発売され、1979年にはテレビアニメ化。彼女の生地プリンス・エドワード島は『赤毛のアン』の舞台でもあり、いまなお島を訪れる日本人観光客は多い。

イラスト by. 唯奈

誰もが知る人気作

読んだ気になる代表作ガイド

『赤毛のアン』

19世紀末、カナダ東部に位置するアボンリー村。老齢のカスバート兄妹――兄マシューと妹マリラ――は、農場の手伝い要員として孤児院から男の子を引き取る予定だった。しかし、彼らのもとにやってきたのは、赤毛とそばかすが特徴的な少女アン。マシューたちは彼女を孤児院へ返そうと考える。しかし、不幸な生い立ちに反して、明るく個性的なアンに惹かれたカスバート兄妹は、この11歳の少女を引き取ることにした。

こうしてアボンリー村で暮らすことになったアンは、おてんばな性格から学校でもさまざまな騒動を起こしていく。あるとき、ギルバートという少年が、彼女の赤毛を掴んで「にんじん」とからかった。怒ったアンがギルバートの頭を石版で殴打すると、彼は非を認めて何度も謝罪。しかしアンは許さず、彼とは一生口をきかないと宣言する。

その後、負けず嫌いな彼女は勉強に打ち込んだ。というのも、ギルバートはつねに成績トップで、彼に対抗心を燃やしたからだ。努力の甲斐あって、アンの成績は急上昇。ギルバートを抑えてトップに立つこともあった。

そんなある日、アンが池で溺れたところをギルバートが助ける。彼は過去のいたずらを改めて謝罪し、友だちになろうと告げるが、意地っ張りな彼女は拒絶してしまう。

謝罪を受け入れなかったことを後悔しつつも、15歳になったアンはギルバートとともにトップの成績でクィーン学院へ進学。ここでも優秀な成績をおさめた彼女は、大学進学と奨学金の切符を手に入れた。だが、その矢先にマシューが心臓発作で急死。進学をあきらめ、村に残ってマリラを支えることを決めたアン。これを知ったギルバートは、採用が決まっていたアボンリーの教員枠をアンに譲ることにした。ギルバートの好意に胸を打たれたアンは、彼のもとを訪れる。池で拒絶したときの後悔を打ち明け、改めて良き友だちとなることを誓い合った。

『赤毛のアン』
新潮文庫刊

作品の背景

『赤毛のアン』誕生のきっかけは、モンゴメリが新聞で知った「男の子と間違えて女の子を引き取った夫婦」の記事。これに着想を得て、自身の生まれ育った故郷を舞台に主人公アンの物語が綴られた。

なお、この作品はモンゴメリが持ち込んだすべての出版社で没となり、お蔵入りとなっていた。しかし、月日を経て改めて読み返した彼女は、やはり面白いと再確認し、再度出版社に交渉。その結果、晴れて出版されて大ベストセラーとなった。

こんな作品もオススメ

「アン・シリーズ」

モンゴメリは『赤毛のアン』の続編シリーズを複数上梓している。第2作『アンの青春』ではアボンリーで教師となったアンが村の改善などに奮闘し、第3作『アンの愛情』ではさらに教養を深めるべく大学に進学する。同作ではアンと学友のロマンスが中心で、3作目にしてアンは初めてギルバートに対して友人以上の感情を抱いていることに気づく。そして物語は、ふたりがお互いの気持ちを確かめ合い、婚約するところで幕を閉じている。

このほか、結婚後の生活を描いた『アンの夢の家』やアンの子供たちが主人公の『虹の谷のアン』『アンの娘リラ』、またアンの友人たちが活躍する『アンの友達』など計11作が存在する。

〔参考文献〕

『原色シグマ新国語便覧』（文英堂）
『日々の会話が華やぐ大和言葉』（笠倉出版社）
『ビギナーズ・クラシックス　土佐日記（全）』（角川ソフィア文庫）
『ビギナーズ・クラシックス　方丈記（全）』（角川ソフィア文庫）
『ビギナーズ・クラシックス　おくのほそ道（全）』（角川ソフィア文庫）
『ビギナーズ・クラシックス　南総里見八犬伝』（角川ソフィア文庫）
『NHK 歴史秘話ヒストリア　第 2 章　3 江戸時代編』（金の星社）
『図説　5 分でわかる日本の名作　傑作選』（青春出版社）
『日本の古典をよむ 18　世間胸算用　万の文反故　東海道中膝栗毛』（小学館）
『日本の古典をよむ 19　雨月物語　冥途の飛脚　心中天の網島』（小学館）
『新潮古典文学アルバム 20　上田秋成』（新潮社）
『番町の家　慶應義塾図書館所蔵　泉鏡花遺品展』（泉鏡花記念館）
『文豪がよくわかる本』（宝島社）
『ビギナーズ・クラシックス近代文学編　泉鏡花の『婦系図』』（角川ソフィア文庫）
『鏡花百物語集』（ちくま文庫）
『夢野一族　杉山家三代の軌跡』多田茂治著（三一書房）
『夢野久作　あらたなる夢』（河出書房新社）
『新潮日本文学アルバム　江戸川乱歩』（新潮社）
『江戸川乱歩とその時代』武光誠著（PHP 研究所）
『新潮日本文学アルバム　堀辰雄』（新潮社）
『織田作之助　昭和を駆け抜けた伝説の文士“オダサク”』（河出書房新社）
『織田作之助の大阪』（平凡社）
『罪と罰（上下）』ドストエフスキー（新潮文庫）
『武器よさらば』ヘミングウェイ（新潮文庫）
『戦争と平和（1 ～ 4）』トルストイ（新潮文庫）
『原色シグマ新日本文学史』秋山虔 三好行雄（文英堂）
その他、青空文庫や多くの web サイトを参考にしております。

文豪図鑑　～あの文豪の素顔がわかる～

2016 年（平成 28 年）11 月 11 日　初版第 1 刷発行

編　者　開発社

発行者　伊藤　滋

発行所　株式会社自由国民社

〒171-0033 東京都豊島区高田 3-10-11

振替 00100-6-189009

電話 03-6233-0781（代表）

http://www.jiyu.co.jp/

印刷所　大日本印刷株式会社

製本所　新風製本株式会社

ライティング　半澤則吉、早川スミカ、松本晋平、篠原章公、井本智恵子、森眞奈美、川合拓郎、浅水美保

カバー・本文デザイン　松本菜美、小西真央（株式会社アクア）、太田俊宏（開発社）